中卒・中退・不登校
誰でもイキナリ大学生

〜放送大学／通信制大学〝特修生制度〟活用法〜

松本肇／趙倖来・著
ぼうごなつこ・画

はしがき

誰でも簡単に高卒資格が取れて、簡単に大学へ行く方法があったらどうする？

もし、この本を手に取ったあなたが、何らかの事情で高校へ行けず、高卒資格をあきらめてしまった、またはあきらめかけている人なら、ちょっとだけ待ってください。

定時制・通信制高校でもなく、そして大検・高認などの資格試験でもない、もう一つの高卒資格取得法があったとしたら、あなたはどうしますか。例えば、こんな感じです。

- 中卒・高校中退者はもちろん、中学すら卒業していない人でも利用可能
- 高卒資格取得に必要な期間は一年程度で、最短は六ヶ月
- 理論的には挑戦した人、全員が取得できるはず
- 高卒資格までの予算は一二万円程度
- 日本全国、どこに住んでいても利用可能
- 時間に余裕があるからアルバイトしながらでも利用可能

その高卒資格を取得すれば、すぐに四年制大学へ進学できる

そんな都合の良い話、あるわけない。きっと、裏技かインチキだと直感した人もいると思いますが、これは文部科学省の所管する法律や関連法規にも規定のある、れっきとした高卒資格取得法です。

定時制・通信制高校、大検・高認、あれこれ挑戦して失敗した人こそ大歓迎

中卒・高校中退者が、再び高卒資格に挑戦するには、定時制・通信制高校へ通う方法や、高認（大検）などの資格試験に挑戦する方法が一般的です。しかし、今まできちんと勉強してこなかった人にとっては、通信制・定時制高校も高認受験も、とても高いハードルです。

最後の砦だと思って、通信制・定時制高校や高認に挑戦したのに、失敗してしまうと、ヘトヘトになって、何もかも嫌になってしまうかもしれません。

「あれもこれも試したけど、何をやってもダメだった。今から高卒資格なんて、もうゼッタイ無理」なんて思ってしまう気持ちもわかります。

だからといって、高卒資格を取らないままだと、いっこうに改善が期待できません。

例えば就職です。まじめに働こうと思って一念発起しても、「高卒資格が無い」という、たったそれだけの理由で、様々な差別待遇を受けてしいます。手に職をつけようと思って専門学校へ進学しようと思っても、「高卒資格が無いから」という、それだけの理由で出願さえもできません。

こうして、時おり押し寄せてくるこんな不安に、押しつぶされそうになる皆さんも多いはずです。

両親が口うるさく「高校くらい卒業しろ」と叱る家庭もあれば、自分のことを傷つけまいとしてそっとしてくれる家庭もあります。しかし、子どもの立場からすると、どちらも嫌ですよね。本当は親に心配させたくないし、できることなら自慢の息子や娘になりたいはずです。高卒資格を取りたいけれど、難しくて勉強についていけない。人とつきあっていくのが苦手で怖い…。もうどうすればいいかわからない。

高卒資格なんて無くても別にいいじゃないか。学歴社会なんて気にするな。

軽々しく、こんなことを言う大人もいます。高卒資格が無いからといって命を取られるわけではありませんから、何がなんでも高卒にこだわる必要はありません。だけど、今までさんざん悩んで挑戦してきたのに、いきなり気にするなと言われても戸惑いますね。

平成一六年の文部科学省統計資料によれば、日本の中学校卒業者の九七％は高校に進んでいます。そして高校を退学してしまう人は高校進学者の二・一％です。これをおおざっぱに計算すると、中卒・高校中退者は、全体の約五％ということになります。同年代の人たち一〇〇人のうち、九五人が持っている高卒資格を、残りの五人は持っていないということになります。これだけ大きな差があると、中卒・高校中退者が落ちこぼれと思われても本当に仕方のないことかもしれません。

しかし、この本を最後まで読めば、そんな心配はすぐに解決します。だって、高卒資格どころか、いきなり四年制大学へ行けて、そのまま簡単に卒業できてしまうのですから。

ページをめくるたびに、あなたは大学への道を歩んでいくことになるはずです。

実践教育ジャーナリスト　松本　肇

コラム担当です。朝鮮大学校中退で大検合格
現在は専門学校での講師をしながら放送大学大学院の学生です。
本文を担当しました。楽しく合理的に大学へ行く情報の専門家です。
放送大学を3回卒業した経験から皆さんにいろんな情報を提供します。
活字が苦手な人でもマンガだけ読めばわかるようにがんばって描きました。
楽しんで下さい♪
まつもと はじめ
松本肇
ちょう へんれ
趙 倖来
ぼうごなっこ

登場人物紹介

徳田育子　徳田修一
修二の両親
那須真奈美
看護師
放送大学の先輩
綿毛鶴夫
放送大学の同級生
綿毛ワン子
鶴夫の愛犬
徳田修二
本マンガの主人公
中学時代、いろいろあって
不登校に…
内木直子
放送大学の同級生

修二君が征く――プロローグ　高校行けませんでした

高認があるじゃない

運命の出会い

続きは18ページへ

目　次

はしがき……2
修二君が征く——登場人物紹介……7
修二君が征く——プロローグ「高校行けませんでした」……8

第1章　中卒・高校中退者は死ぬまで差別待遇……17
修二君が征く——①「中卒にはどんな未来が待っている?」……18
1 全員が大学へ行ける時代に中卒・高校中退者って……20
修二君が征く——②「学歴でそんなに未来は変わっていくの?」……34
2 大卒で大企業なら四億、中卒でも中小企業なら二億?……36

第2章　高卒資格のとり方いろいろ……43
修二君が征く——③「高校へ行かなくても取れる高卒資格」……44

3 そもそも高卒資格って何なのか……46
修二君が征く――④「統廃合であぶれる一五歳」……56
4 高等学校を卒業するのは意外と難しい……58
修二君が征く――⑤「番外編―高認も思っているより簡単かも？」……64
5 高等学校卒業程度認定試験もやっぱり難しい……66
第3章 大は高を兼ねる！「大学中退」なら、立派に高卒……73
修二君が征く――⑥「学校生活嫌いでも、大学ならイケるんじゃない？」……74
6 大学生、卒業すれば大卒者、中退しても資格は残る……76
修二君が征く――⑦「高認・入試すっとばし」……84
7 大学の入学資格には例外がある……86

第4章　大学通信教育が「いきなり大学生」を可能にする　93
修二君が征く――⑧「これが答え！　図解「あなたが大学生になる方法」」……94
8 一六単位で大学入学資格、入学すれば正規の大学生……96
修二君が征く――⑨「特修生の法的根拠、長いけれど読んでみる？」……104
9 特修生の法的な位置づけ……106
修二君が征く――⑩「中退だって正解だけど、大学行くとこれだけおトク」……114
10 大学を卒業しなくても旧司法試験・税理士受験資格……116
第5章　放送大学なら入学までで一二万、卒業までなら七〇万　123
修二君が征く――⑪「いざ放送大学へ」……124
11 放送大学とはこんな大学……126
修二君が征く――⑫「いよいよ授業開始」……134

12 通信指導と単位認定試験、マークシートは簡単か？ …… 136
修二君が征く――⑬「レポート・論文、先輩に聞いてみる」 …… 144
13 小論文は真面目に書いているように見えればいい？ …… 146
第6章　放送大学の特修生で楽して入学・楽しく卒業！その極意 157
修二君が征く――⑭「人づきあい、苦手だけどここなら…？」 …… 158
14 卒業率に見る放送大学卒業の難易度 …… 160
修二君が征く――⑮「特修生から大学生、コツをつかめばカンタン」 …… 168
15 これでカンペキ！　特修生で放送大学に楽して入学 …… 170
修二君が征く――⑯「卒業研究でゼミ体験」 …… 184
16 これでカンペキ！　放送大学へ入学したら楽しく卒業 …… 186

第7章　大学の現実・大学のいろいろ　195

修二君が征く――⑰「開き直って一歩を踏み出す君の勝ち」……196

17 大卒者、三〇過ぎればみな同じ……198

修二君が征く――⑱「番外編―八洲学園大学の場合」……206

18 特修生のある大学の選び方1―八洲学園大学の場合……208

修二君が征く――⑲「番外編―日本福祉大学の場合」……214

19 特修生のある大学の選び方2―日本福祉大学の場合……216

第8章　学歴社会にのまれるな、学歴社会を利用しろ　223

修二君が征く――⑳「就職できたらこっちのもの」……224

20 大卒をひけらかすバカ、中卒を恥じるバカ……226

修二君が征く――㉑「中卒・中退だからわかる？　勉強の価値と楽しさ面白さ」……232

21 今から大学へ進学する本当の意味……234
修二君が征く――㉒「必ず来る！これで良かったと思える日」……242
22 よくありそうな質問Q＆A……244
付録　特修生制度を有する四年制大学一覧……251
あとがき……265

趙さんって何者?

はじめまして、趙倖来（ちょうへんれ）です。名前から想像できると思いますが、私は在日コリアン三世です。

職業は、端的に言ってしまえば単なる会社員です。主な仕事は、柔道整復師や鍼灸師の国家試験受験予備校で、そこの講師を担当しています。当然、柔道整復師、鍼灸師（はり師・きゅう師）、あん摩マッサージ指圧師の国家資格をもっています。

これとは別に、柔道整復師を養成する学校の教員資格も持っています。

ちょっとプライベートな話でスミマセン。実は私、平成八年の夏、三二歳のときに大きな失恋をしたんです。もう人生が終わったかも～と思うくらいショックな出来事だったんです。そのときの彼女とはお見合いで知り合いました。彼女は東北在住でしたが、最後にこっぴどいふられ方をしたんです。

で、この失恋の憂さを晴らすために東京へ一人遊びにいきました。この時、以前からパソコン通信を通して懇意にしてくださっていたお医者様と席を同じくして、酒を酌み交わしながら、手っ取り早くいえば管を巻いたわけです。でも、このドクターが私のことをやさしく（?）、それなりにドライにうけとめてくださいまして、そんなことがきっかけで医療の道を目指すことになったのです。

それから当時の大検を経て、専門学校の鍼灸・マッサージの免許を取る課程に入学しました。これは午前部だったんですが、さらに午後は柔道整復（ほねつぎ）の課程に入学（ダブルスクール）し、そして夜（深夜～早朝）はサウナやマッサージセンターなどでアルバイトする日々を送っていました。

そんなこんなで柔道整復師と鍼灸マッサージ師の資格をベースに、国家試験予備校の講師、柔道整復専門学校の非常勤講師などを職業としています。

そしてその鍼灸の専門学校修了の学歴を基礎資格にして、大学評価・学位授与機構で学士（鍼灸学）を取得し、現在は放送大学大学院修士課程の学生もしております。

様々な法律解釈を駆使して取得した資格は数しれず持っています（笑）。

皆さんの強い味方でありたいと思っています。

第1章　中卒・高校中退者は死ぬまで差別待遇

修二君が征く——1　中卒にはどんな未来が待っている？

学歴不問（ふもん）

高校…行ってません

ダメな子 認定

夢はあるけど 現実は…

続きは34ページへ

1 全員が大学へ行ける時代に中卒・高校中退者って

差別され続ける中卒・高校中退者

最近の各種マスコミ報道では、日本中の四年制大学の入学定員と大学への進学を希望する一八歳人口を比べると、大学入学定員の方が多くなりつつあるそうです。この状況のことを、大学にこだわらないなら誰でも大学へ入学できることから、「大学全入時代」といいます。

選ばなければ誰でも大学へ行ける時代に、大学へ入学するどころか、入学に必要な「高卒資格」ですら持っていない人について、社会はどんな目で見るでしょうか。

中卒・高校中退者にはマジメな人もいるし、学歴社会とは無縁の人が、世界的に大成功を収めたなんて話はたくさんあります。また一方では、有名な国立大学を卒業したはずで、人格の優れていると思われていたエリートが、悪いことをして逮捕されるなんてこともよく耳にします。

学歴は無いけどマジメな人、学歴はあるけど悪事をはたらく人。こうしてみると、学歴がその人の人格を左右するとは限らないことは誰でも知っています。しかし、社会は、「公平」とか「平等」とは言いながら、陰で中卒・高校中退者のことを差別します。

「人はみな平等」とは言いながら学歴差別をする企業

よく、「人間はみな平等」とか、「学歴なんて人格とは関係ない」なんて、歯の浮くような言葉を耳にしますが、現実社会ではそれは建前であり、理想でしかありません。

東大卒で一流企業に就職した人は、若くして課長・部長に昇進し、入社数年で年収一千万円を達成するのに、高卒の一般職は一生かけてやっと係長なんて人も多いのです。平等ではありませんね。

それでも、同じ会社に一生勤められれば幸せですが、かつて高卒の一般職だった業務を、今は派遣社員が行っている会社も多く、非正規雇用ではない人は、常に解雇におびえながら、昇進とは無縁の社会人生活を送っているなんてこともしばしばあります。

そんな状況で、高学歴の人たちに「人間みな平等だ」とか、「学歴なんて関係ないよ」なんて言われても、学歴が低い人や派遣社員の人たちにとっては全く説得力がありません。

そもそも、中卒・高校中退者の正社員の募集すらない企業がほとんどです。

アルバイト情報誌には「学歴不問」、就職情報誌には「高卒以上」

最近になって、テレビや新聞などでは「バブル景気以来の求人数」とか「売り手市場」と、景気の良い話でにぎわっています。そこで私は、神奈川県内のコンビニエンスストアで売っている有名な求人誌を二冊買ってみました。一冊は肉体労働系の求人情報誌、もう一冊はデスクワーク系の就職情報誌です。

それぞれ、学歴欄をざっと眺めてみたところ、肉体労働系の情報誌には「学歴不問」なんて書いてある求人がけっこう多いのですが、デスクワーク系の就職情報誌には「高卒以上」とするところが目につきます。

また、デスクワーク系の就職情報誌には有名企業の事務職の募集もそれなりにあったのですが、「学歴不問」と書いてある求人情報は一つもありませんでした。

すると、「人間はみな平等」、「学歴なんて関係ない」という建前を本気にして、いざ中卒・高校中退の学歴で就職しようと思うと、いきなり学歴差別の壁にぶち当たります。

我が国には、憲法の規定に「子女に教育を受けさせる義務」があります。これを一般に「義務教育」といって、小学校と中学校を卒業すれば、それで最低限の学歴は満たしたはずです。それなのに、高校を卒業していないというだけで、就職はしにくいし、他人にはバカにされるのです。なぜでしょうか。

中卒・高校中退者への偏見ベスト(ワースト?)3

皆さんもうすうす気づいていると思います。

私たちの心の中には「偏見」とか「思い込み」というものがあります。本人の性格を知りもしないのに、この偏見や思い込みによって、中卒・高校中退というだけで排除したがる本能があるのです。主な偏見・思い込みは、大まかに次の通りだと思います。

(1) 高校へ進学しない中卒者は頭が悪い

現在、我が国の高校進学率は九七%です。中学校卒業生の一〇〇人のうち九七人が高校へ進学するのです。この「高校」には、一流進学校から、地元で最低レベルの高校まで、まさにピンからキリまでの差があります。

中学校時代にほとんど勉強しなかったクラスの不良でも、学校さえ選ばなければ、(偏差値の低い)高校になんとか進学できたなんてことはよくあります。

それなのに、その偏差値の低い高校にさえ行けなかった中卒者は、ほとんど勉強しなかったはずの不良連中よりも成績が悪いということだから、当然に頭も悪いはずだという印象があるのです。

いくら人間は平等だとはいっても、頭が悪い人や不良には仕事を任せたくはないから、中卒者なんか、わざわざ雇うことはしません。

(2) 中卒・高校中退者は家庭環境が最悪だから非常識

現在、公立高校であれば、年間の授業料はざっと一二万円です(平成一九年度・東京都)。

子どものために、一年間で一二万円の授業料も捻出できない家庭って、いったいどういう家庭環境なのでしょう。極貧の生活を強いられているか、ギャンブルや借金まみれで授業料どころじゃないなんて家庭かもしれません。

こんな最悪の環境で育った子どもを雇ったら、不正なことをしでかすに違いない。そんなリスクを冒してまで、中卒・高校中退者を雇いたくはないでしょう。

(3) 高校中退者は根気や協調性が無い

地元で進学校と呼ばれる高校へ進学したけれど、学校の雰囲気や友人関係に悩んで退学してしまった。こういう場合、社会はこの人を「何事も途中で辞めてしまうような人」とか、「意志の弱い人」という印象を持ちます。また、同年代のクラスメートと仲よくすることもできないような奴が、就職して職場の人と仲良くやっていけるのか、与えられた仕事を最後までやり遂げることができるのかどうかという心配もあります。

根気もなく、人と仲良くすることのできない人が、何をやっても中途半端と思われてしまうのは仕方ないのかもしれません。

犯罪する確率なら高学歴の人も同じでしょ?

ところがよく考えてみると、「中卒・高校中退だから社会に適合しない」というのは、本当に偏見です。思い込みもいいところです。

例えば、社会に適合しない最大の行為が「犯罪」だとすれば、立派な学歴を持つはずの人たちは絶対に犯罪者にならないはずです。だけど、東京高等裁判所の現役の裁判官が援助交際で逮捕・処罰されたこともあるし、大手ゼネコンのトップが談合で検挙されることもあります。有名大学卒業を誇っている国会議員、大学教授、ベンチャー企業社長、弁護士が罪を犯して逮捕されたなんてことは、連日のように報道されています。学歴が社会的適合性を示すことなんて、ありえません。

確かに、強盗や窃盗という犯罪は、低学歴の人に多く、高学歴の人には無縁かもしれません。しかし、それは高学歴の人に安定した職や高給が保障されているからであって、中卒・高校中退の人と同じレベルの職や収入だった場合や、いつもリストラの恐怖におびえ、不安定な生活を強いられていたら、どうなるかわかりません。安定した職業に就いているはずの人が、株や先物の投資に失敗して会社の金に手をつけるなんて話もよくありますね。

平たく言ってしまえば、「学歴が低いと犯罪者になりやすい」のではなく、「金に困ると犯罪者になりやすい」のです。

「悪いことをするから中卒・高校中退者を差別する」という考え方が一般的ですが、実は「中卒・高校中退者を差別するから、就職できず、お金に困って悪いことをする」ともいえるのです。しかし、これはきちんと統計を取れる情報ではないので、本当のところはわかりません。でも、わからないのに差別するというのはおかしいですね。

他人は外見・評判・第一印象で判断する

こうしてみると、社会は中卒・高校中退者というだけで、社会はその人の本質を確かめず、身勝手な思い込みや偏見で、頭が悪いとか、家庭環境が悪いとか、根気や協調性が欠落していると判断するのです。履歴書を読んだだけではその人の人格まではわからないはずなのに、「中卒」、「高校中退」というだけで、このような印象を抱いてしまうというのは不思議です。

しかし、いくら「人を学歴や見かけで判断するな！」と声をあげても、人の心の中までは変えられません。やはり、一〇〇人中九七人が高校へ進学し、そのうち九五人が卒業する時代、残り五人の中卒・高校中退者というのは、ものすごく印象が悪いのです。

差別されるからといって、今度は履歴書の学歴欄に「××高校卒」などと嘘を書くと、場合によっては詐欺などの罪で摘発されてしまう可能性もあるし、嘘の学歴で就職したことがバレたら懲戒解雇の正当な理由にもなります。学歴詐称は本当に恥ずかしいですよね。

正直に書けば差別される。嘘を書けば処罰される。どっちにしても中卒・高校中退者にとっては厳しい社会なのです。

大学へ行っただけでエリート・インテリと誤解される我が国

一方で、大学へ行っただけでエリート・インテリと誤解される場合もあります。

みなさんは「最終学歴」という言葉を知っていますか。文字通り、その人が最後に在籍した学習（学修）履歴です。例えば、A中学校・B高校を卒業し、C大学を卒業したら「C大学卒業」。D大学へ進学して中退したら「D大学中退」が最終学歴になります。

「最終学歴」は、就職の際には必ず注目されます。そして履歴書に記載した「A中学」や「B高校」は全く評価されず、最後の学歴があなたの人格や能力を表すものとして一生つきまといます。

また、「学力」だけではなく、学校のブランドも関わってくるのも不思議です。

三流の私立大学を**卒業**した人にも優秀な人はたくさんいるのに、東大や早稲田などの有名一流大学を**中退**した人の方が優秀に見えたりもします。大学入試を経験した一八歳頃の学力によって一流大学ブランドを持つことができるのです。

でも、よく考えてみるとおかしいですよね。勉強ができなくてもスポーツ推薦で有名一流私大へ合格する人もいれば、有名大学へ進学できる学力があっても経済的な事情で進学をあきらめる人もいます。大学入試を経験する一八歳頃の学力が重要なのであれば、予備校の模擬試験で算出された一八歳時の偏差値を学歴の代わりにすればいいってことにもなりますが、不思議なことに、大学へ合格した事実が人の価値を決めてしまうのです。

本当の優秀さというのは、学歴だけでは計れないことは誰もが知っています。しかし、大学へ行ったか行かないか、高校を出たか出ないかという、それだけの情報で、他人の人格や能力を勝手に決めつけてしまうのです。やっぱり恐ろしいですね。

学歴が階級を産む

ハッキリ言うと、我が国の社会は、有名一流大学へ行った人はエリートとみなします。そして、四年制大学を卒業した人はまぁまぁ優秀、高卒者は人並み。中卒・高校中退者は落ちこぼれと、おおざっぱにこんな階級に分けられています。もちろん、短大や専門学校、防衛大学校とか気象大学校という学校もあるし、大学院へ進学する人もいるので、単純に学歴と階級が同じとは言い切れませんが、うすうす皆さんは感じているはずです。

学歴が低いことが悩みなら、高い学歴を手に入れればいい

この「学歴」という名の階級の最も下にいる人たち、つまり中卒・高校中退者が、差別されないためにはどうすればよいのでしょうか。

私が政治家なら「差別の無い社会を目指して国を変えていく」なんてきれいごとを言うかもしれません。しかし、差別の起きない社会なんて、まずありえません。社会を変えるなんて、そうそうできることじゃありません。

だから私はこう言います。

学歴が低くて差別されるのなら、高いとされる学歴を手に入れれば解決する。

ほとんど勉強する環境になかった人が、今から東大・早稲田などの有名一流大学へ一般入試で進学するなんていうのは、かなり難しいことです。『ドラゴン桜』というマンガのように、落ちこぼれの学力が飛躍的に伸びるなんてこともありますが、それは極めて稀です。

しかし、幸か不幸か、我が国は少子化の影響で、「大学全入時代」です。選

ばなければ、どこかの大学へ入学することができます。

日本で最もレベルの低い大学というものがあったとします。中卒・高校中退者であるあなたがどうにかしてその大学に入学したら、最低レベルの大学なのに今までの高校進学失敗や中退は無かったことになって、高卒の階級を飛び越して、いきなり大学入学者の階級へ行けるのです。


中堅もFランクも、企業人事担当者の評価は「みな同じ」


実は、日本の社会は、一部の有名大学や国立大学へ行かない限り、中堅私立大学以下の大学はみな同じととらえます。

例えば、偏差値五〇の私立A大学と、偏差値四〇の私立B大学と、偏差値を判定することもできない、いわゆる「Fランク」の私立F大学は、一般企業はほぼ同じレベルの大学としてとらえます。野球や箱根駅伝などで、ちょっと有名になった大学ならまだしも、地元ではない無名の大学のレベルなど、関心のない人事担当者が多いのです。

例えば、東京の企業の人事担当者が、「新潟国際流通大学」と「北海道文化大学」と「沖縄経済大学」の三つの大学（いずれも架空の大学）の卒業生の履歴書を見比べた時、どの学生が最も優秀か、全く見当がつきません。どれも聞いたことの無い大学だからです。

仮に、代ゼミや河合塾などのランキング表と照らし合わせて、それぞれ偏差値四〇、四五、三八だったとしても、偏差値のこの程度の差を見て合否を決めたりはしません。なぜなら、新潟国際流通大学の国際関係学部と、北海道文化大学のコミュニケーション学部と、沖縄経済大学の政治経済学部のどの学生が優秀なのかを判定することなど、到底できないのです。だから、企業の人事担当者は、その学生の大学での成績表を見るなどして、その能力を見定めようとします。

したがって、中堅以下の私立大学は、企業の就職面接を受けるための学歴という意味ではほぼ平等で、後は筆記試験を課して優劣を決めるくらいしかありません。

高卒は有名校も無名校も「みな同じ」

一方で、高卒に関してはもっとシビアです。偏差値が七〇くらいある、東大進学率〇パーセントとうたっている有名進学高校を最終学歴に持つ人は、ちょっと疑り深い人事担当者に「こんな立派な高校を卒業しているのになぜ大学へ行けなかったのか」と、不審に思われたりもします。

企業にしてみれば、高卒であっても優秀な人の方が良いに決まっています。しかし、有名校を卒業しているのに、進学しなかった人は、何か問題があったのだろうと疑りたくなります。すると、結局は地元の普通の公立高校卒業者と、同じ扱いを受けることになります。扱いは、単に「高卒」です。

高卒資格を取れば全国の有名高校と同じ、大卒資格ならば全国の中堅私立大学と同じ

つまり、あなたが中卒・高校中退者で、学歴コンプレックスを解消したいと思っているのなら、どんな学校でも、どういう試験でもいいから、とにかく高卒として認められる資格を取ることです。そうすれば、就職等に必要な肩書きだけは、日本全国の有名進学高校卒業者と同じということになるのです。

そしてその後、どこでもいいから四年制大学へ行き、何とかして卒業すれば、全国の中堅私立大学と同等の地位を得ることができるのです。

修二君が征く―2 学歴でそんなに未来は変わっていくの？

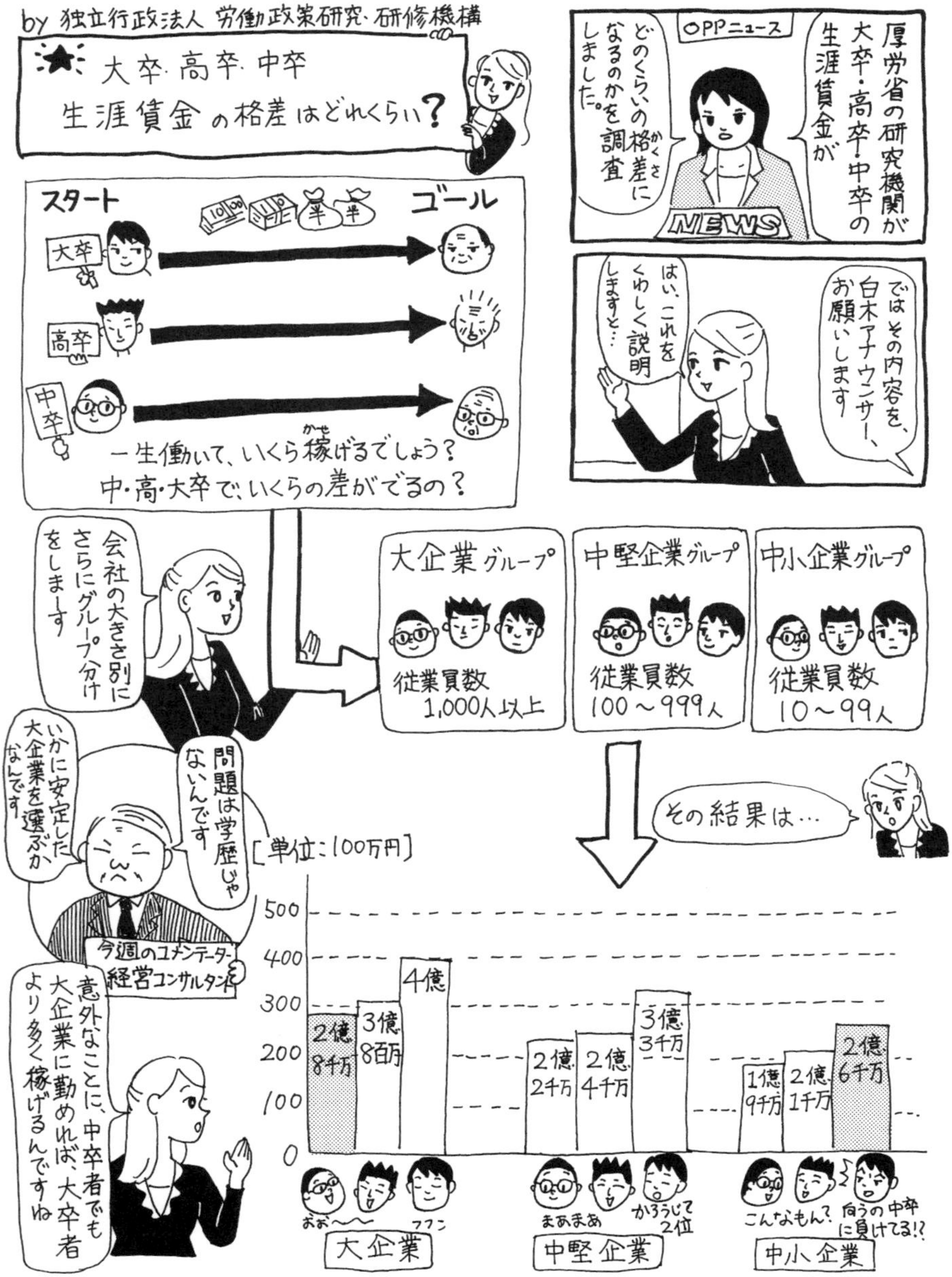

中卒でも大企業に就職!?
大企業勤務の中卒者が大卒者より高給取り…そんなケースもありえるんです
次のニュースは
…ってことは中卒でも大企業に入れる道があるのか!
やった!
まったくデタラメなデータだな
今どきそんな大企業が中卒を採用なんてありえんだろ
ギクッ
で…でもちゃんとしたところが出したデータなんでしょ
きっとその中卒者ってのは昔の「集団就職」のことを言ってるんだろう
やっぱり甘かった‥‥
高度経済成長期、大企業はどこも人手不足。で、地方の中卒者を大量にやとったんだ。
当時の中卒は今の高卒と同じくらいの感覚かなぁ…
今じゃ高卒でさえ大企業の就職は厳しい。
バイト
ハケン
パート
パート
昔、中卒・高卒の社員がしていた仕事は、派遣、パート、アルバイトにとって代わられている。
実際のところ、学歴を問わず採用してくれるところの多くは社員9人以下の零細企業、個人商店がほとんど。
ありがとうございました―
さっきのデータはこの部分がすっぽり抜けおちている。
中卒で満足いくまともな就職なんて考えないことだな
はぁ〜

◀ 続きは44ページへ

2 大卒で大企業なら四億、中卒でも中小企業なら二億？

生涯賃金は中卒でも二億円と思ったら、それは甘い！

政府が算出する生涯賃金データはアテにならない

人が企業などに雇用されて、一生涯かかって得る賃金を「生涯賃金」といいます。四年制大学卒業者と中卒・高校中退者の生涯賃金が、どれくらいの賃金格差になるのかを調べたところ、独立行政法人労働政策研究・研修機構が算出したデータを見つけることができました。

このグラフと表は、男性の一般労働者ひとりが、生涯にわたって獲得する賃金の総額を推計したもので、平成一五年に算出されたものです。

この調査は、企業を従業員一〇〇〇人以上、一〇〇〜九九九人、一〇〜九九人の三つに分類し、大まかに大企業、中堅企業、中小企業と分けて算出したものです。

この表を見て、ある著名な経営コンサルタントは、「中卒・高校中退者でも大企業に勤めれば、二億八千万円も稼げるが、その一方で、大卒で就職しても中小企業だと二億六千万円しか稼げない」と意見を述べています。つまり、中

企業規模別

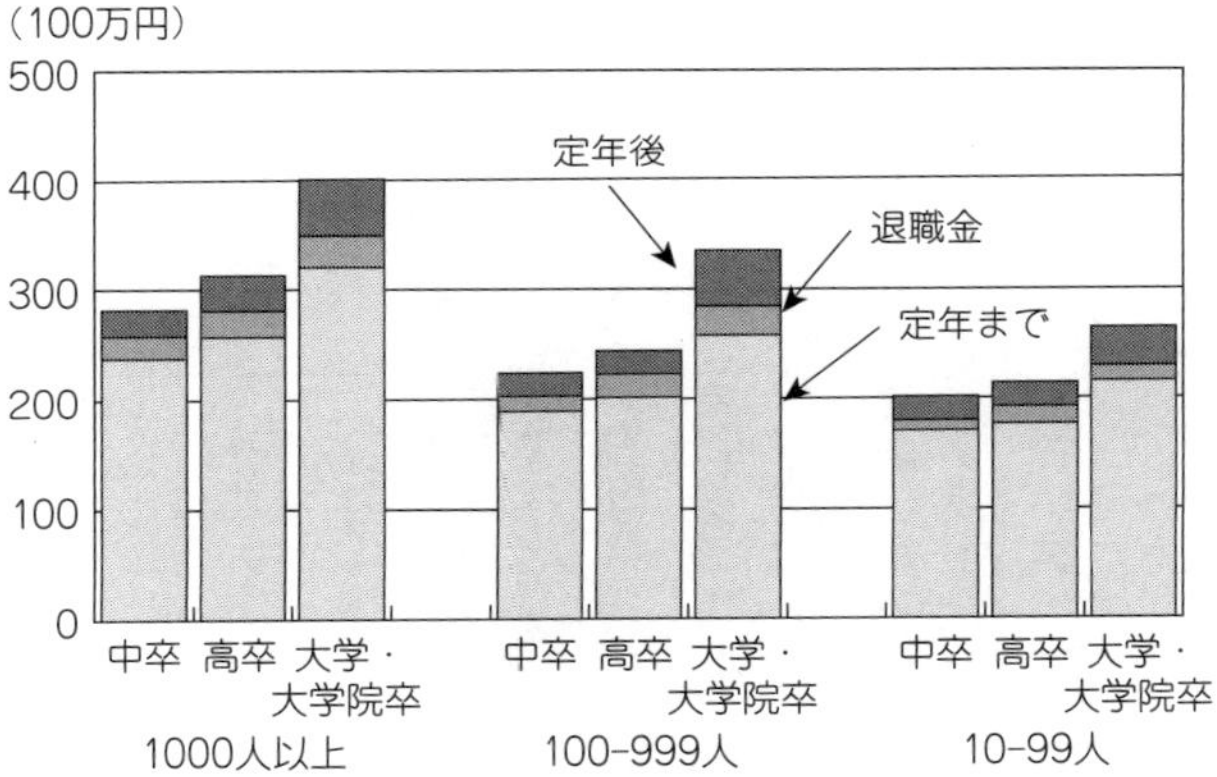

資料：「賃金構造基本統計調査」「就労条件総合調査」
注：新規学卒から定年を経て引退するまで働き続けた場合の賃金総額。

男性一般労働者の生涯賃金　平成15年

	1000人			100-999人			10-99人		
	定年まで	退職金	定年後	定年まで	退職金	定年後	定年まで	退職金	定年後
中卒	240.2	19	22.6	187.9	13.6	20	166.6	10.1	21
高卒	258.1	23.8	26.7	201.2	19.5	23.1	173.5	15.7	22.9
大学・院卒	317.6	28.1	55	258.8	23.4	50.1	214.9	14.5	34.1

（単位：100万円）

卒・高校中退者は大企業に勤めることができれば、中小企業の大卒よりも稼ぐことができるということです。

データに騙されてはいけない

しかし、その経営コンサルタントは、現実をわかっていません。一言でいえば、データに騙されるバカコンサルタントです。

今の時代、大企業は中卒・高校中退者をほとんど正規雇用しませんし、このデータは正社員・正規雇用のみをカウントしたものであって、期間工・パート・アルバイト・派遣社員は含まれていません。また、このデータに出てくる中卒・高校中退者は、現在雇用されている人たちをカウントしています。現在雇用されている中卒者とは、昭和四〇年代に採用された世代で、「集団就職」なんて言葉があった時代の人たちです。当時の中卒は、当時の進学率から推測すると現在の高卒と同等の待遇と考えられますから、正規雇用であればこのような数値になるのは当然です。しかも、大企業はそれなりに労働組合が機能していますから、中卒採用といえども、中堅・中小企業に比べて賃金が高くなるのは当たり前です。

そして、このデータには大きな欠陥があります。従業員九人以下の零細企業が、まるきり抜け落ちているのです。我が国には、数百万社もの零細企業があります。ちょっと周りを見渡すだけでも、商店街の個人商店や小さな飲食店などは零細企業です。こうした零細企業は、従業員は一〇人に満たないところが多く、業務内容が学歴とは直接関係ないため、まさに学歴不問で就職できます。また、零細企業は、社長（店主）が亡くなればそれでおしまいという規模のところが多く、四〇年間勤め上げるなんてことは、ほとんど考えられません。それでも、時給一〇〇〇円の商店に長期間勤めたとして、月収約二〇万円と考えて計算すると、賞与を入れて年収約三〇〇万円です。この計算で四〇年間勤めた場合の生涯賃金は一億二千万円です。（もちろんここから税金や社会保険料が引かれます）

大卒資格を取るだけでプラス八千万円の人生ならどうする？

人生をお金に換算するのはあまり良いことではないかもしれません。しかし、あえて換算してみます。

中卒・高校中退者のままで、特にこれといった資格も持っていない人が、知人の紹介で小さな商店に就職したとします。すると、先ほどの計算の通りなら、生涯賃金は一億二千万円となります。

しかし、どうにかして高卒資格を取り、その流れで大卒資格まで取り、従業員が一〇人以上の中小企業に就職したとき、先ほどの政府のデータによれば生涯賃金は二億円ということになります。

零細企業の生涯賃金が一億二千万円。大卒で中小企業なら二億円。差は八千万円です。

中卒・高校中退者のあなたが、仮に高卒や大卒になったとしても、あなたはあなたです。性格がまるきり変わるわけではありません。何とかして大学を卒業すれば、大企業は難しくても、中小企業には就職できそうです。この話を単純化すると、「大卒資格を取得したらもれなくあなたに八千万円を差し上げます」という話が舞い込んだのと同じことです。

八千万円があれば遊んで暮らせる?

八千万円という金額は、大きすぎてピンとこないかもしれません。八千万円あれば、都内のまぁまぁの場所に一戸建てを買うことのできる金額です。私の住んでいる横浜なら、二軒買うこともできます。私の知人は、コツコツ貯めた金で八〇〇万円の中古ワンルームマンションを現金で購入して他人に貸し、家賃収入で年に九〇万円を稼いでいます。この計算なら、八千万円あれば一〇軒購入して年九〇〇万円の安定収入を得られるということになります。

もちろん、八千万円は大卒資格と同時に手に入る金ではなく、一生かけて、月の収入に少しずつ反映される増収分です。大まかに計算して、四〇年間の勤務実績で八千万円の差が出るということは、年収にして二〇〇万円の増収ということになります。増収分をコツコツ五年間貯めれば、それこそ中古ワンルームマンション一軒くらいなら買えて、給与とは別に家賃収入を得ることだって可能となるのです。まるきり生活が変わってきますよね。

この方法なら中卒・高校中退者が大卒になる費用は一〇〇万円以下?

本書でこの後にお話しする方法は、高卒資格までの費用が一二万円、大卒資格までの費用は七〇万円です。これに郵便代や交通費などの諸費用を含めても、一〇〇万円以下で大卒資格に手が届くはずです。七〇万とか一〇〇万という金額は、決して安いコストではありませんが、八千万円のリターンが見込める堅実な投資と考えれば、悪い話ではありません。ちょっとの努力と工夫で生活改善が可能な、魅力的な話ではありませんか。

社労士の受験資格は大学で六二単位修得→朝鮮大学校はダメ

　私は大学ではなく、「大学校」中退です。実は、日本で運営されている朝鮮学校のうち、日本の大学に相当するのが朝鮮大学校（http://www.korea-u.ac.jp/）です。私はこの学校の理学部で学んでいましたが、ちょうど二年、いわゆる「教養課程」を修了した時点で退学しました。高校時代に患った腰のケガが完治せず悪化したためなのですが、おかげで他の同級生よりも一年早く社会に出ることになりました。

　社会に出て、最初に就いた仕事が保険の代理店での営業です。この仕事も代理店資格を得るために試験を受けて登録することが求められるのですが、ここでは学歴は問題になりませんでした。そしてラクに合格しました。それでも試験を受けて合格するってことは、とても気分のよいことですよね。つい調子にのって他の試験を受験することをいろいろ考えてしまいました。

　最初に思いついたのが、保険つながりで「社会保険労務士」という国家資格です。保険の代理店とほとんどリンクすることはないんですけど、安直でした。

　受験資格を調べてみると、「大学二年修了（六二単位修得）程度または短大卒とか、行政書士の資格を持っているなどのいずれかを満たさないと受験できないんです。朝鮮大学校中退だけどどうですか？って、厚生省（現・厚労省）に問い合わせてみたんですけど、やっぱりダメでした。

　保険や年金の知識にはそれなりに自信があったので受験できれば合格できるかな〜、なんて思ったんですけど、実際は受験すらすることができませんでした。

第2章　高卒資格のとり方いろいろ

「高等学校」を卒業しないでとる
高卒資格 いろいろ

(1) 中等教育学校 卒業者

後期課程（高校と同じ）
前期課程（中学と同じ）
6年間の一貫教育

独自の特色をもつ進学校
むしろ エリート

(2) 高等専門学校 3年時修了後 中退者

1年 2年 3年 4年 5年

中卒後入学

この時点で 中退すると、高卒と同等

短大・専門学校と同等の学歴

よくロボコンとかやってる

(3) 修業年数3年以上の専修学校 高等課程 修了者

中卒 → 高等課程 → 高卒 → 専門課程（いわゆる専門学校）

高等課程：高校と同等。大学入学資格がもらえる。

専門課程：基本的に高卒でないと入学できない

一般課程：基本的に学歴問わず誰でも入れます。例・予備校とか

(4) 在外教育施設 卒業者

例：慶應義塾ニューヨーク学院
文科省に認定されていて現地でも高校と認められている

NEW YORK

他にも
帝京ロンドン学園
ドイツ桐蔭学園
立教英国学院
などがあります

(7) 外国の教育機関卒業者

その国で日本の「高校」にあたるところ
例：アメリカのハイスクール

(5) 大学入学資格検定（大検）
(6) 高等学校卒業程度認定試験（高認）

大検
高認
まあ、同じようなもの
2004年度以前は「大検」と呼ばれ、2005年度以降は「高認」に変わりました。

(8) 日本にある外国人・民族学校 卒業者

2003年度よりこれらの学校も日本の高卒資格・大学入学資格がもらえることになりました。
例：アメリカンスクール・イン・ジャパン

ただし、学校によっては日本の高卒・大学入学資格がもらえないところもあります。

→ 朝鮮学校
政治的にいろいろある

韓国系の学校は日本の「学校教育法」に基づいた学校が多い（高卒資格とれる）

→ 日本人生徒の入学を想定していない学校
例：東京韓国学校
日本に仕事で来ている韓国人ビジネスマンの子どもが通うための学校

→ その他、寺子屋的なタイプの学校など

日本の民間企業に就職する場合は、採用担当者が「高校っぽい」と判断すればOK

(9) バカロレア
アビトゥア
国際バカロレア
日本でいう大検みたいなもの（高認）

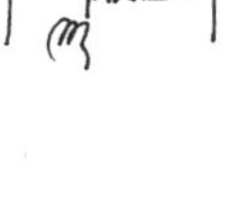
履歴書
○○専門学校
高等課程・・・・
あ、これ高校のことね

続きは56ページへ

3 そもそも高卒資格って何なのか

軽々しく「高卒資格」っていうけれど、ちゃんと分かっていますか？

本当は「学校教育法に定められた高等学校を卒業した者」に与えられる経歴

社会一般に言われている「高卒資格」というものは、実は、学校教育法という我が国の法律に規定されている「高等学校」という種類の学校で、所定の課程を修了した者にのみ与えられる経歴です。

だから、法律上は「高卒資格は、高等学校を卒業しなければ得られない」ことになります。

高等学校を卒業しなくても「高卒資格」は取得できる

法律上、「高卒資格は、高等学校を卒業しなければ得られない」とはいっても、現実的には高校を卒業したものと同等の扱いを受けることができる方法がいくつかあります。

列挙すると、こうなります。

1．高卒と同じという扱いを受けるもの

2. 高卒といえなくもない（ギリギリ高卒資格）
3. 高卒ともいえるし、高卒ではないともいえる（受けとめる側によって判断が変わる）

例1　中等教育学校卒業者（例「東京都立小石川中等教育学校」）

中等教育学校は、小学校卒業後に進む、中学校と高等学校の教育を行う六年制の学校です。似たものに同じ系列の私立学校が中学校と高等学校を有して中高一貫教育を行うところがあります。中等教育学校を卒業すると、高等学校を卒業したものとして扱われますから、「高卒と同じ」といえます。

例2　高等専門学校三年次修了後中退者（例「国立東京工業高等専門学校」）

高等専門学校は、中学校卒業後に入学する五年制（または五年半）の学校で、主に理・工学系の専門課程を有しています。この五年間の課程を終えて卒業すると、二年制の短大や専門学校を卒業したことと同等の学歴となりますが、三年次を終えた時点で退学すると、高等学校卒業と同等の資格を得ることができますから、「高卒と同じ」といえます。

例3　修業年限三年以上の専修学校高等課程修了者（例「文化学院教養高等課程英語科」）

専修学校には一般課程、高等課程、専門課程の三種の課程があります。専門課程は高卒資格を入学資格としており「専門学校」とも称します。高等課程については入学資格を中学卒業としており、修業年限三年以上の専修学校高等課程を修了した者には、大学入学資格が付与されます。つまり、「高卒と同じ」です。

例4　在外教育施設卒業者（例「慶應義塾ニューヨーク学院」）

これは、教育施設が海外にある学校で、文部科学大臣に認定された私立在外教育施設のことで、教育施設が外国にある、当該国では高校として認められている学校の卒業生を指します。具体的には外国における学校教育の一二年の課程を修了した者等と定義されています。したがって、「高卒と同じ」です。

例5　高等学校卒業程度認定試験合格者　（高認）

例6　大学入学資格検定試験合格者　（大検）

かつて大検は、大学への入学資格を得るための学力が備わっているかを測るための検定試験でした。大検は、「大学入学資格」という名称からわかるように、「高卒資格」を認めるための試験ではなく、あくまでも大学入学資格（受験資格）を認めるだけですが実質的な高卒として通用していました。

後に、大検の制度をベースとして行われるようになった高認は、「高等学校卒業程度」という名称からもわかるように、大学入学資格というよりも高卒資格を認める印象が強くなっています。ただし、旧大検合格者は高認合格者とみなすことからも、名称が変わっただけで、基本的な主旨は同じと捉えるべきです。この試験は、高等学校の課程を修了した訳ではありませんから、「高卒といえなくもない」という評価が正しいかもしれません。

例7　外国の教育機関卒業者

教育施設が海外にある、当該国では高校として正式に認められている学校の卒業生を指します。具体的には「外国における学校教育の一二年の課程を修了した者等」と定義され、例えばアメリカなら「ハイスクール」と呼ばれる、現地では一般的な高校です。もちろん、我が国の学校教育法上の高等学校ではありませんが、一二年の課程を修了した者として認められるなら、日本での大学入学資格が付与されます。国によって制度が異なる場合もありますから、「高卒といえなくもない」と捉えるのが正しいと思います。

例8　日本にある外国人・民族学校卒業者

日本にある外国人学校とは、例えばアメリカンスクール高等部や、朝鮮学校高級部や韓国学校高等部、中華学校高等部などを指します。これらは日本にある高等学校レベルの教育を行う学校でありながら、我が国の学校教育法に基づく高等学校ではないため、高卒資格として認められないこともありました。

そこで、平成一五年から、文部科学大臣の認定する一定レベル（本国『アメリカ』や『フランス』が、当該課程の修了生に対し、高校卒業資格もしくは大学入学資格を付与する課程であると認めたレベル）の学校に限って、日本の大学入学資格を与えることになりましたが、現実には英米系のインターナショナルスクールを想定した認定であったため、朝鮮学校高級部等に対する認定はなされず（前提となる本国『朝鮮』を日本は国家として承認していないので、朝鮮学校に関しては「本国」が存在しないことになる）、同じ外国人学校・民族学校でありながら、事実上の差別的な処遇となっています。

ちなみに、韓国学校高等部については、日本の大学への直接進学権を積極的に求めていません。在日韓国人系の団体は韓国学校の他に、日本の学校教育法に基づいた学校（一条校）を複数開設しており、進学を前提とした学生の多くはこの課程を併習することで修了時に大学入学資格を得ることができます。

政治的な背景もあるためややこしくなっていますが、認定校については「高卒といえなくもない」、非認定校については「高卒ともいえるし、高卒ではないともいえる」というとらえ方になると思います。

例9　国際バカロレア、アビトゥア、バカロレア資格

国際バカロレアはスイス、アビトゥアはドイツ、バカロレアはフランスの各国の法律に基づく大学入学資格で、各国・各州で有効なこれらの資格を有し、一八歳に達する者は日本においては大学入学資格とすることができるとされています。したがって、日本の高認や大検と同等といえると思います。（平成一三年三月二九日文部科学省告示第四〇号）

日本における高卒資格とは？　─民間企業への就職活動の場合

実は我が国において、「社会的に有効な高卒資格」として認められるか否かは、「主観的な判断基準しか無い」といっても良いと思います。つまり、企業の人事担当者が「高卒と認める」と判断すれば高卒、「高卒とはいえない」と判断すればそれまでです。

市販されている就職情報誌に「高卒以上」と書いてあれば、企業の採用担当者は高専中退者も、高認合格者も、アメリカンスクール卒業者も、朝鮮学校高級部卒業者のいずれについても「受験資格有り」と考えるはずです。なぜなら、単に「高卒」というだけでは、学力・偏差値・能力を証明する指標としてはほとんど意味が無いからです。

学校教育法に基づく高等学校卒業者といっても、地元の最低ランクの高校を、赤点ギリギリで卒業したかもしれないし、高卒としては微妙な地位にあるはずの朝鮮学校高級部卒業者が、米国有数の一流大学へ飛び入学するなんてこともあるからです。

こうして考えてみると、高卒資格とは「学校教育法に基づく学校か否か」が問題ではないことがわかります。少なくとも就職活動をする時の「高卒資格」

については、高校っぽいところを卒業したか、高校卒業レベルの学力を持っていることを証明すれば、それで十分なのかもしれません。

いずれにしても、高卒資格が実はこんなにあいまいな制度だということはお分かりになったと思います。

中卒・高校中退者の高卒資格の取り方は、「高校卒業」と「高認」に集約

本書を読んでいるあなたが、自分自身の学力が低いことや、人間関係などの問題で高校へ進学できなかったという方なのであれば、中等教育学校・高等専門学校・外国の高校などというものは、最初から選択肢から除外されるはずです。これらは年齢による受験制限はもちろん、相応の学力を持った者でなければ入学できないからです。

すると、中卒・高校中退者が、今から利用できる高卒資格の取り方は、改めて高校へ進学するか、高卒認定試験を受験するか、選択肢は二つに絞られてしまうことになります。

我が国で高卒資格を判定する基準は「大学入学資格の有無」

「高卒資格」にはいろんな種類があり、その種類の中でも分類が難しくて、よくわからないものがあることを説明しましたが、こういう状況の中で、私たちがよくいう「高卒資格」とは何なのかと問われれば、実は「大学入学資格があるか無いか」に尽きます。

高認の前身である「大検」は、当時、高校を卒業せずに高卒資格を取得する数少ない方法の一つで、その正式名称が「大学入学資格検定試験」だったことからもわかると思います。

文部科学省は、決して「大学入学資格を持つ者が全て高等学校卒業と同じだ」とはいいません。しかし、断言していないだけで、「高卒ではない」とも断言していません。

これまでの教育や行政に関する様々な歴史からから判断すると、「高卒」とは「日本における大学の入学資格がある者」といえます。逆にいえば、**大学入学資格を持つ者は、全員が高卒といえる**のです。

資格試験に挑戦する（二）「社労士の受験資格狙いで行政書士」

社会保険労務士の受験資格は、いろいろ手を尽くして調べてみました。例えば、「労働組合や労働保険事務組合で関係法令事務に五年以上従事」という職歴も受験資格になるんですが、私のいた保険代理店じゃ該当する訳がありません。この他に、行政書士の資格を持っていると、社労士の受験資格になることがわかりました。それじゃ行政書士はどうでしょうか。

当時の受験資格は、「高等学校を卒業している」か、「役所で三年以上事務経験のある者」です。高等学校だったらなんとかなるかなぁと思って、新潟県庁の当該部署に尋ねてみました。ところが、私の卒業した朝鮮学校の高級部もやっぱりダメなんですね。戦前戦後のなんだかよくわからない学校だと中退とかでも受験資格があるのに、高校相当の勉強をちゃんとやったはずの朝鮮学校高級部ではダメだというんです。朝鮮学校はどの段階であっても、その前提が「各種学校」となってしまい、正規の教育機関ではない（学校教育法でいうところの非一条校）とされ、原則として日本の大学へ進学したり、国家試験を受験するための資格を付与することができないということなんです。

いやぁ、これは正直きついです。各種保険の取り扱い資格があるのでそれで代行できませんかとも聞いてみましたが、けんもほろろでした。

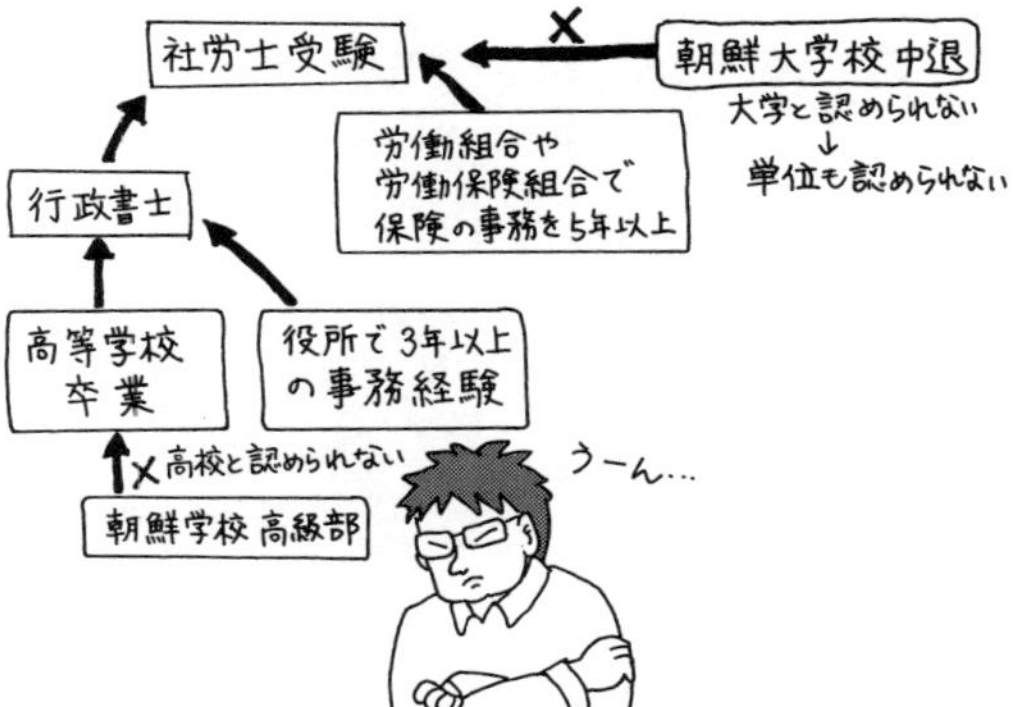

修二君が征く—4　統廃合であぶれる一五歳

あっ ここは…
スーパー まつもと
やき
高校生かしら
おはようございまーす
あら、これから学校?
あっ、ここは修ちゃんが受験した定時制!!
千葉県立 成田南高等学
なんか楽しそうね
そ〜
先生っ今日の晩飯なんすか?
今日はカレーだぞ
そういえば定時制って給食が出るんだっけ…
早く教室入れ〜
アハハハ
修ちゃんにもこんな楽しい高校生活味わわせてあげたかった…

実は難関!? 定時制

どうせ行くなら名前のいいとこ

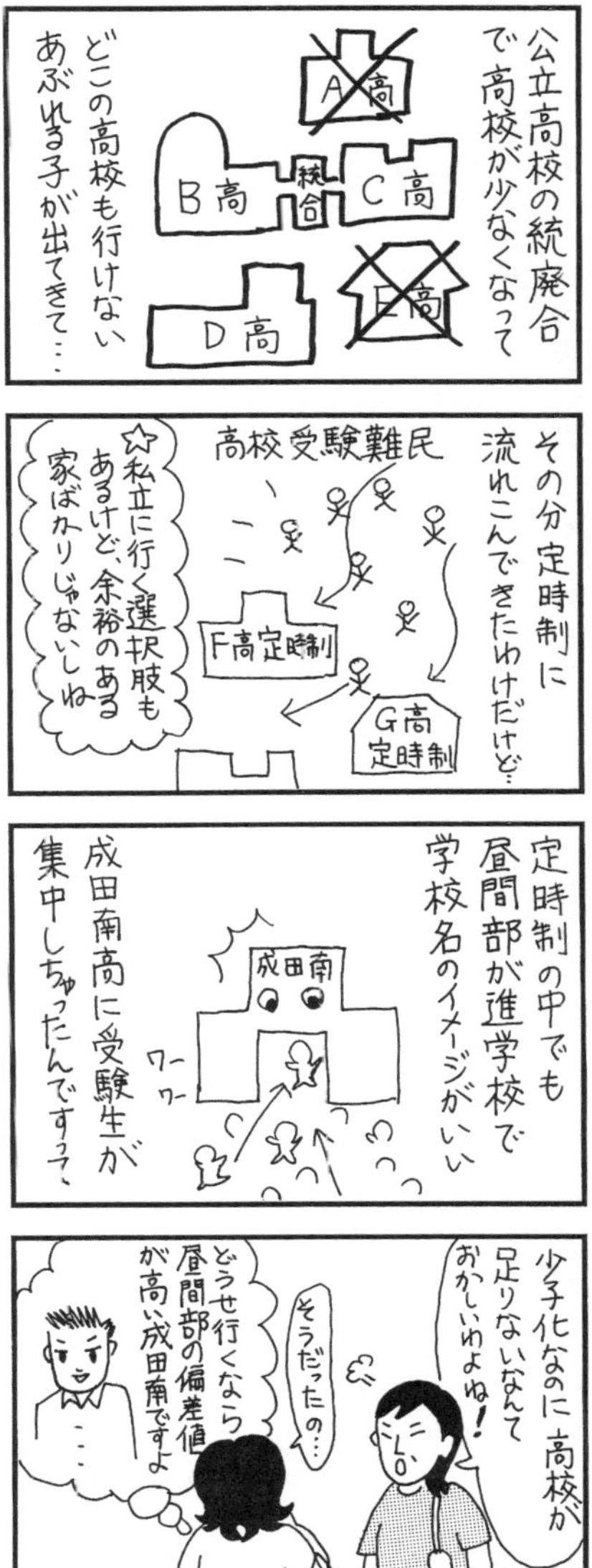

続きは64ページへ

4 高等学校を卒業するのは意外と難しい
少子化の影響で統廃合を進めたら、今度は学校が足りない？

本当は高校を卒業するのが最良の手段

本書は、高校を卒業しなくても、高認を受験なくても、てっとり早く大学へ行く方法を紹介するものです。

こういう本を書くと、「高校なんか行かなくていい」と言っているように聞こえるかもしれません。しかし、私は可能な限り高校へは通学し、普通一般の教育課程を経験すべきだと思っています。

プロの教師による学習支援、同世代の友人、スポーツや文化との接点

高校の教諭は、大学で教職課程を修了し、各自治体の教育委員会の教員採用試験や、各私立高校の採用試験を経て採用された、プロの教師です。塾や予備校の教師が無資格でも採用されるのに対し、一定の資格やレベルを求められます。高校の三年間は、まさにこのプロの教育専門家があなたの学習を支援してくれる貴重な期間です。またこの三年間は、一五歳から一八歳の同世代の友人

ができて、部活動を通してスポーツや文化的活動を行うことができます。

「高校は要らない」という意見もありますが、あなたがこの三年間を経験できるなら、ぜひ経験すべきだと思います。

高等学校には学年制と単位制、全日制と定時制と通信制がある

近年、生徒側の様々な事情を考慮して、様々な形態の高校が混在しています。

(一) 修業年限や学年に関する区分

一科目でも不合格科目があれば留年となる「学年制」と、不合格科目があっても規定の修業年限で所定の科目に合格すれば卒業となる「単位制」という区分があります。

(二) 授業が行われる時間や方法に関する区分

一日の時間割が五〜六時間に設定してあり、朝九時から午後三時くらいまで授業を行う「全日制」と、主に夕方から二〜四時間程度の時間割で授業が行われる「定時制」、テキスト等で自習してレポートを郵送して試験を受けたりす

る「通信制」などの区分があります。

現在の高等学校は、この㈠と㈡の区分を組み合わせたカリキュラムとなっています。大多数の高校が、「学年制で全日制」を採用していますが、「単位制で全日制」とか、「学年制で定時制」など、バリエーションは様々です。

また、定時制の課程は、「夜学」という印象があったと思いますが、最近は「働きながら高校へ通う生徒のための特別課程」というよりも、「全日制へ行けなかった人の受け皿」という印象が強くなってきました。そのため、午前・午後・夜間の三部制で授業を行う定時制高校もあります。

高校へ行けない＝頭が悪い　という図式は通用しなくなってきた

私が取材を始めた平成一五年以降、高校受験に失敗した人たちを調べてみると、意外なことがわかります。高校受験に失敗した原因は、成績不振が原因なことは確かですが、実は昨今の少子高齢化で高校を統廃合したところ、統廃合のし過ぎで競争率が激化しているためというケースも多いのです。

また、経済的な理由で私立高校へ進学することがままならない人も多く、公立の定時制高校を志望する人が増加したのです。

公立高校の統廃合が進んだために、地元の高校へ行けない人という現象は、主に都市部で起こっている現象です。そして、この高校へ行けなかった人たちは、おのずと定時制高校への進学を希望します。

「定時制は誰でも行ける」という思い込み

意外なことに、進路指導の専門家であるはずの中学校教師は、公立高校の統廃合と共に定時制高校も競争が激化していることを知らない人が多く、「定時制なら、誰でもどこでも行けるはず」と思い込んでいることがあります。その結果、自分の教え子に対し、有名高校の定時制の受験を勧めたりするのです。

定時制高校を選ぶ時、自宅のすぐそばにその高校がある場合などを除き、多くの受験生は「どうせ夜学へ行くなら、有名進学校の卒業証書が欲しい」と考え、地元の有名高校の定時制を選んでしまいます。低ランク高校の定時制は定員割れを起こしているのに、有名高校の定時制は受験生が殺到し、多くの不合格者を生んでしまうことになります。

無難な学校を選んでいれば良かったのに、中学教師が「定時制ならオマエも行ける」と、無責任に定時制の高校を指定したために失敗したなんて人、意外と多いのです。

通信制高校は中退者の編入は有利、一年次入学者には不利

通信制高校はほとんど入試が無いし、比較的ラクに、自分の都合に合わせて勉強できるイメージがあります。確かに、通信制高校の大多数は単位制で、ゆっくり学ぶことはできますが、やはり「自己学習が基本」という点で、私はあまりお勧めしません。

ただし、高校に一年間通って二年次で退学した人、二年間通って三年次で退学した人は、それまでに修得した高校の単位を利用することができますから、「あと二年で卒業」とか、「あと三科目合格で卒業」といった人なら、成功する可能性は高いと思います。

自己学習が苦手な人にとって通信制高校はキツイ

私は小学生の頃、学研が発売していた「学習」と「科学」という雑誌を定期購読していました。

また、中学生の時は、福武書店（現：ベネッセ）の「チャレンジ」という通信添削を定期購読していたことがあります。

学研も、チャレンジも、私は練習問題をやったこともなければ、通信添削を送ったことがありません。まさに、お金だけ払って、毎月送られてくる本を積んでいただけです。

確かに、通信添削をしっかり提出し、しっかり勉強する人もいると思います。しかし、苦手な勉強をテキストと通信添削だけで克服しようとしても、なかなか難しいもので、私のように、興味の無いものは徹底して排除するなんて性格の人は、しょせん無理な話です。

通信制高校へ進学するならサポート校も考える

もし、あなたが一年次から通信制高校へ進学するのであれば、サポート校と呼ばれる、民間の学習支援サービスを受けることも考えた方が良いかもしれません。特に成績不振が理由で高校進学できなかった人や、同じく成績不振で高校を中退した人、他人にお尻を叩かれないとなかなか勉強に取りかかれない人、友達に誘われるとすぐに遊びたくなってしまう人などです。いずれにしても、自分の性格が怠ける傾向にある人は、しっかりと自己診断して進路を決めた方が良いでしょう。

試験だけで高卒
本来は、高校3年間でしっかり学んでいかなければならないカリキュラムを
3
2
1
学校に通うことなくたった一度の試験に合格すれば、高校を卒業したことにしてくれる。
試験をはじめます
試験
それが高認です
同じ高卒資格
高認合格
高校行ってない
高校3年間
しかし、科目数は多く8〜9科目も受験しなければなりません。
国語
地学
生物
化学
現代社会
英語
世界史
物理
日本史
地理

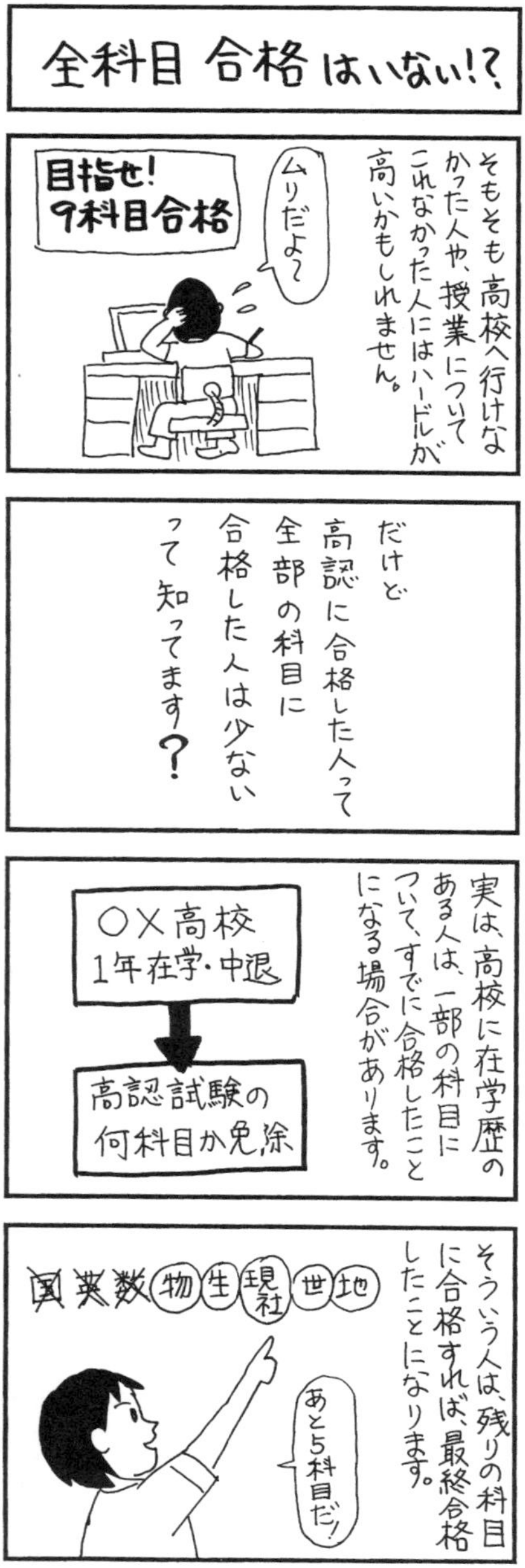
全科目合格はいない!?

そもそも高校へ行けなかった人や、授業についてこれなかった人にはハードルが高いかもしれません。

ムりだよ〜

目指せ！9科目合格
だけど高認に合格した人って全部の科目に合格した人は少ないって知ってます？

実は、高校に在学歴のある人は、一部の科目に合格したことになる場合があります。
○×高校
1年在学・中退
高認試験の何科目か免除
そういう人は、残りの科目に合格すれば、最終合格したことになります。
国 英 数 物 生 現社 世 地
あと5科目だ！

免除制度を利用すると…

…ということは、高校へ行かなかった人は全科目合格しか方法がないということでしょうか…？
中卒じゃダメじゃんかよ
実はそうでもありません。
まずは、できる限りの勉強をして8～9の科目を受験します。
うお～とにかく受けまくるぞ！
試験はマークシートなのでひょっとすると2、3科目ぐらい合格するかもしれません。
あ！現代社会受かってる!!
2～3回受けてみて3～4科目ぐらい合格してたら、もうけ物です。
あと4科目！
地理
国語
日本史
現代社会
合格できなかった科目にあたる授業を、通信制の単位制高校で履修。
※公立の通信制なら入試はない場合が多いようです
ヒラ～リ
通信制 英語
学校によっては、数日の授業で、高認試験の一科目分の単位修得が可能なところもあります。
スクーリング
えっと…
うーん
試験
レポート
※現行制度は、最低1科目以上の高認試験合格が必要。全科目免除はできません。
こうした方法やくわしい情報は「サポート校」と呼ばれる学校で指導してくれます。
予算と自分の性格を総合的に考えて合格を狙います。
□□大学
やった！
高認合格
入試の必要な大学を受けるときは受験勉強が必要なので、状況に応じて予備校を使うといいでしょう。

続きは74ページへ

5 高等学校卒業程度認定試験もやっぱり難しい

昔は「大検」・いま「高認」、テストで高卒になれるあの試験

実力があれば、最短半年で晴れて高卒

高認（高等学校卒業程度認定試験）は、高校を卒業していない人が、高卒資格を取得するため、学力試験によって高校卒業者と同等の資格を得るための試験です。

かつては「大学入学資格検定試験」と呼ばれ、大学入学資格を認める試験でした。

この試験は、その名称の通り、「卒業程度」の学力を「認定」する試験なので、厳密にいうと卒業とイコールではありません。例えば高等学校普通科の教育課程には、保健体育や芸術科目などがありますが、高認では主要な科目以外は全くありません。

受験機会は年に二回、科目は八〜九科目

高認の試験は、毎年八月と一一月の、連続した二日間に行われます。

高認の受験科目は、国語、地理歴史（二科目）、公民（現代社会一科目かその他二科目）、数学、理科（二科目）、英語となっていて、選択科目の選び方によって、受験科目は八〜九科目となります。そして、この全ての科目について合格した場合、高認の最終合格となります。もし、一科目でも不合格がある場合は、最終合格とはなりません。不合格科目については次回以降の試験で合格すれば最終合格となります。

ただし、全ての科目に合格し、最終合格となったとしても、基本的には一八歳に達するまでは大学への入学資格を有していないことになります。飛び入学などのごく一部の例外を除いて、早期合格者が高校卒業者よりも早く大学へ入学することはできません。

最終合格を果たすと難易度の割には評価が高い

大検から高認と名称を変えたこの試験は、最近になって急激に難易度が低下したと言われています。誰もが簡単に合格するというほど易しくなった訳ではありませんが、高認受験業界では周知の事実です。

しかし、かつて大検は難易度がとても高いというイメージがあったため、当時の状況を知っている人は、「大検はそう簡単に合格しない試験」という印象を持っています。そのため、高認と名称を変えた今でも、社会では「よく頑張った」とか「努力した」という評価を受けます。

試験だけで高卒とみなすだけに、やっぱり高認も難しい

高認で実施される各科目の試験の合格点は、およそ四〇点といわれています。

一般的な資格試験の合格ボーダーは六〇点といわれているのに対し、一〇〇点満点中四〇点というのは易しい印象があるかもしれません。

しかし、よく考えてみると、八〜九科目について、「全て四〇点以上を得点しなさい」といわれると、なかなか難しいものです。三年間の通学・授業・試験を省略し、たった八〜九科目の試験だけで「高卒と同じ」という地位を与えてしまうのですから、そう簡単ではありません。ただし、単に難しいだけではなく、各科目について試験の免除する規定もあるので、これをうまく活用すると、早期に最終合格することも不可能ではありません。

高校在学歴が長ければ受験科目数を減らせる

「大検」の時代から引き継がれている高認の特徴は、高校在学歴があって既

に一定の単位を修得している場合には、八〜九科目の受験科目のうち一部が免除される点です。

この規定を逆にとらえると、高認を受験して、不合格科目のみを単位制高校で修得していくということもできます。もし、八科目中五科目に合格していれば、残り三科目を単位制の通信制高校や定時制高校で修得すれば、免除申請と同時に高認を最終合格したこととなります。

高認の各科目の試験は在籍した高校の修得単位で免除される

次の表は、文部科学省がホームページで公開している、出身高校で修得した各科目の単位と、免除される科目を説明したものです。

例えば、あなたが単位制の高校で、国語表現（二）、世界史A（二）、日本史A（二）、現代社会（二）、数学基礎（二）、理科基礎（二）、物理（三）、オーラルコミュニケーション（二）の、合計八科目一七単位を修得すれば、高認の全ての試験科目を免除されることになります。（※全科目免除は不可能です。必ず一科目以上の受験合格が求められます。）

したがって、最近では、まず高認を一通り受験して、不合格だった科目や、自己学習が難しい苦手科目を単位制高校などで、少しずつ単位を修得していく

免除をする試験科目	平成15年4月以降に入学した者		
	高等学校の科目	免除に必要な修得単位数	備考
国語	国語表現	2	どちらか1科目で免除可能
	国語総合	4	
世界史A	世界史A	2	
世界史B	世界史B	4	
日本史A	日本史A	2	
日本史B	日本史B	4	
地理A	地理A	2	
地理B	地理B	4	
現代社会	現代社会	2	
倫理	倫理	2	
政治・経済	政治・経済	2	
数学	数学基礎	2	どれか1科目で免除可能
	数学	3	
	工業数理基礎	2	
理科総合	理科基礎	2	どれか1科目で免除可能
	理科総合A	2	
	理科総合B	2	
物理	物理	3	
化学	化学	3	
生物	生物	3	
地学	地学	3	
英語	オーラル・コミュニケーション	2	どちらか1科目で免除可能
	英語	3	

科目免除を受けることができる高等学校での修得単位数
文部科学省ホームページより
http://www.mext.go.jp/a_menu/koutou/shiken/05020303/002.htm

といった方法なども多くなってきました。

しかし、現実的に考えてみると、成績不振で高校へ行けなかった人にとっては、高認も単位制高校も、ちょっとハードルが高いかもしれません。得意科目だけならまだしも、不得意科目を一から勉強するというのは、けっこう大変な作業です。すると、サポート校などに頼る必要が出てくるかもしれません。

予備校・サポート校に頼るのも正しいいし、頼らないのも正しい選択

高認受験の業界にも「サポート校」は存在します。こうしたサポート校も、行ける環境なら行った方が良いと思います。しかし、別に高卒資格が無くても大学へは行けるのです。だから、勉強が苦手で高認が無理だったとしても、落ち込む必要はありません。

趙さん、資格試験に挑戦する（三）　「宅建はＯＫ」

朝鮮学校でも受験可能な資格もある

　朝鮮学校は全てダメかと思えば、そうでもありません。役所や出身校とかといろいろああでもないこうでもないと交渉しながら、行き着いたのが宅建（宅地建物取引主任者）資格でした。これは朝鮮学校高級部の卒業資格であっても受験できる数少ない資格だったんです。この資格も当時は高卒資格が必要だったのですが、東京都が受験ＯＫだったため、その前例にならって新潟でも受験が可能になりました。

　同じ「朝鮮学校高級部」でも、資格によって高卒か否かの判断が変わるって、なんか変ですよね（笑）。

宅建主任は苦労せず合格

　宅建は、それほど苦労することなく合格することができました。当時は不動産もそうですが、資格試験でいうところの「宅建バブル」（バブル景気に後押しされた資格者需要の増大と、それにあやかった受験指導校の「あおり」による受験者数の急増現象）が起こるちょっと前の昭和六二年頃ですから、試験の難易度も現在とは比べるべくもありません。宅建主任取得と前後して、住み慣れた新潟を離れ一人札幌に行くことになりました。親戚の営んでいる住宅リフォーム会社の内勤として働くことになりました。

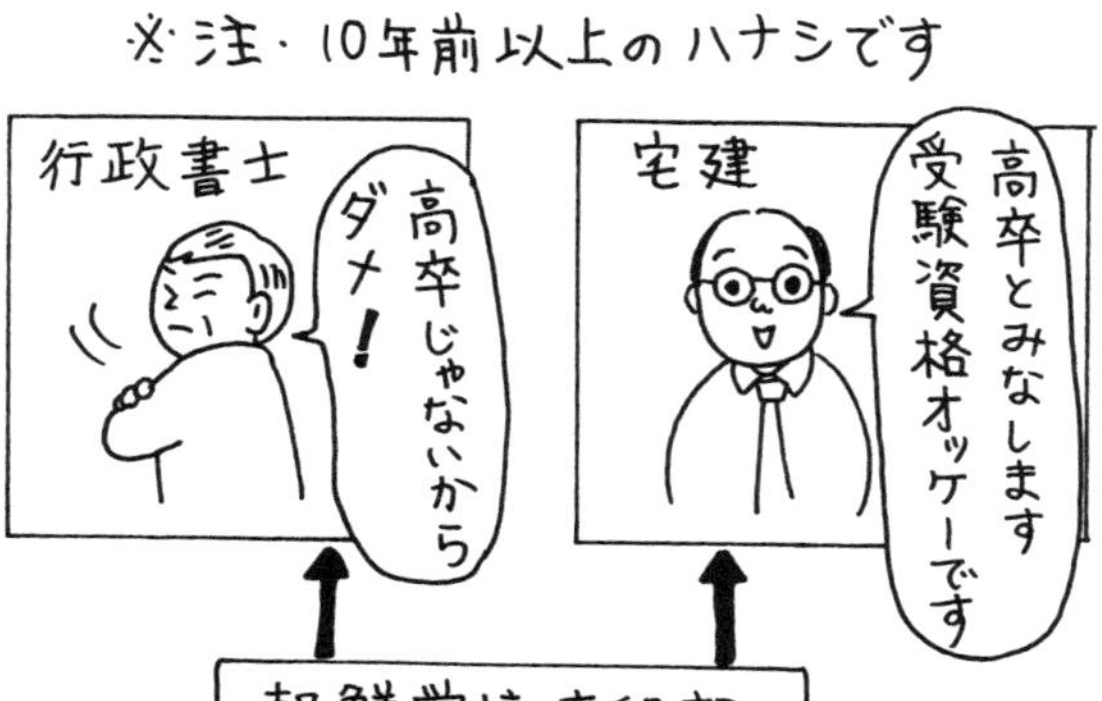

※注・10年前以上のハナシです
行政書士
高卒じゃないからダメ！
宅建
高卒とみなします受験資格オッケーです
朝鮮学校 高級部

第3章　大は高を兼ねる！「大学中退」なら、立派に高卒

就職活動中

RR RRR RR
はい はい
あら祐介君！
明日就職活動で
こっち来るの？
じゃあうちにも寄って
いらっしゃいよ
うん、修二にも
会ってやって
TEL
明日、いとこの
祐介君が
うちに来るって
うん
航空情報
エアショー
こんばんは〜

現実派

うい〜す
あれ、
スーツ？
うん、一応
就活中だからね
祐介君は
どんな仕事に
つきたいの？
テキトーにラクで給料よくて
休みもたくさんあるところ
夢とか
ないのかな…
あ、エアバス
A330！
NOTHWEST

誰でも大学へ行けるなら‥

あれ？
へ〜、こんな本があるんだ！
みつかった…
誰でもイキナリ大学生
中卒・中退・不登校
特修生
中卒・中退・不登校
中学も休んでばっかだったし、高校にも行かれなかったのに大学なんてムリだよね…
その本もなんかアヤしいし
いやあ、これで大学行けるんなら絶対行った方がいいって
この方法でカンタンに大学生！
124単位
16単位

マニア こそ大学へ

大学はクラスでかたまったりしないから人づきあいも楽だしさ
zzz…
もし行けたとしてもついていけなくて中退しちゃったりとかさ…
いいんだよ中退しても
少なくとも大学行ける頭はあったって思われるし
それに、中退しても取った単位はいろいろ活用できるしね
修二君みたいにマニアックな人は、大学の勉強の方が合ってるんじゃないかな
JAL
旅客機
全国空港
よくわかる飛行機の基本と仕組
よくわかる

続きは84ページへ

6 大学生、卒業すれば大卒者、中退しても資格は残る

大学は中退歴も立派に経歴・資格として有効になる？

高卒資格について説明しているのに、いきなり大学の話をするというのも疑問に感じてしまう方もいると思いますが、ちょっと我慢して、大学についての説明を読んでください。

大学のシステムについて、一般的な四年制の私立大学であるK大学を参考にして、簡単に解説します。

私立K大学（四年制・通学課程）の入学から卒業まで

1．入学試験～入学

高卒資格を有している人が入学試験を受験し、合格して授業料を納めれば、入学となります。

2．科目登録

K大学が開講する授業は、一時限当たり九〇分です。朝から夕方まで大学で過ごすとすれば、一日に四～五時限の科目を履修できることになりま

す。開講期間が半年間の科目ならば二単位、一年間ならば四単位修得できることになります。（外国語や保健体育等は単位数が異なります）

四年制大学の場合、四年間で所定の科目を含む一二四単位以上の修得が必要で、大学によってはもっと多くの単位修得を義務づけているところもあります。仮に四年間で一二四単位の修得が必要であれば、一年当たりのノルマは三一単位ですから、不合格となることも考えて、少し多めに四〇単位とか五〇単位くらいを履修登録します。

一科目の単位数は一～四単位と、まちまちのことがあります。仮に二単位の科目ばかりで五〇単位を修得するには、一年間で二五科目を履修登録する必要があります。

3．授業への出席

一般的な大学の授業では、全講義の八割以上の出席を義務づけるところが多く、出欠カードや小テストなどで管理します。また、出欠をとらずに済ませる授業もあります。

4. 単位認定試験

K大学では七月と翌年一月末頃に学期末試験があります。この期間に履修登録した科目について試験を受けると、出席率と試験の内容を勘案して成績が付けられます。K大学では一〇〇点満点中六〇点以上を合格点とし、合格すれば所定の単位が与えられ、不合格なら与えられません。

必修科目を含み、一年間に四〇単位くらいを修得していれば、順当に卒業要件単位を修得していくことができるでしょう。

5. 卒業

一年生の時から修得していた単位が所定の必修科目を含んで一二四単位（もしくは大学が設定する卒業要件単位）以上となり、かつ在学期間が四年以上になると、卒業となります。卒業すると、学士の学位を授与されます。法学部を卒業した人は学士（法学）、経済学部を卒業した人は学士（経済学）といったように、学部や学科の名称に類する専攻が学位記の専攻に書かれます。

大学へ行ったことがないと理解しづらいかもしれませんが、大まかにこのような感じだということを理解しておいてください。

大学を卒業して得られる学歴・資格・社会的地位

四年制大学を卒業すると、大学を卒業した者として社会的に認知されるほか、「学士」の学位、大学院修士課程の入学資格、大卒以上を要件とする就職など、大学卒業者として得られる数々の資格を取得することができます。

これは特に説明するまでもないでしょう。

大学を中退しても得られる特典・資格・社会的地位

大学を途中で退学するということは、社会的にはすごくマイナスの印象を受ける行為としてとらえられています。確かに、「途中でやめた」というのは印象が悪いですからね。

しかし、それは「大学は卒業しなければ意味がない」と思い込んでいる人や、「せっかく苦労して入学したのだから卒業すべきだ」という常識にとらわれている人が多いからだと思います。

実は、大学は中退しても、その中退の内容によっては、様々な特典・資格を得ることができます。目から鱗が落ちそうな人もいるかもしれません。大学中退は、それだけでも、立派な学歴になるのです。

(1) 大は高を兼ねる!

もし高卒資格を持っていないみなさんでも、どうにかして大学へ入学することができれば、大学へ入学した時点で高卒資格を持っていることになります。つまり、その大学を中退しても、高卒資格になるのです。

何か変な説明かもしれません。

大学は、基本的に高卒資格を持つ人にしか入学資格を与えていません。だから、高卒資格を持っていない人が入学できるわけありません。普通に考えれば、「大学中退者は高卒だ」という説明もおかしいですね。

ところが、その高卒資格が無いのに、なぜか大学へ入学できてしまう人が現実にいます。

どうにかして大学へ入学することができれば、履歴書の学歴欄の最下段には「○○大学××学部入学」、中退すれば「○○大学××学部退学」と書いても嘘ではありません。つまり、大学へ進学するだけで、自動的に高卒以上の学歴を持ったことになります。

（2）一単位でも修得していれば、他大学へ入学した際に既修得単位として認定される

せっかく入った大学を中退してしまっても、その大学で修得した単位は基本的に有効です。その後、他大学へ入学した際には、そのわずかな単位でも認定され、卒業要件単位の一二四単位を減らすことができます。（※ただし、受け入れ先の大学の制度によって異なる）

（3）三〇単位以上修得していれば、他大学の二年次に編入学することができる

文学部に一年在籍したけど、やっぱり福祉系の大学へ行って資格を取りたいなんて思ったとき、三〇単位以上修得していれば、他大学へ編入していきなり二年次から入学することができます。（※ただし、編入先の大学の制度によって異なる）

（4）六二単位以上修得していれば、他大学の三年次に編入学することができる

二年次編入学と同様に、その大学に二年以上在学し、六二単位以上修得していれば、他大学の三年次に編入できます。（※ただし、編入先の大学の制度によって異なる）

「中退」と聞くと格好悪い印象がありますが、問題はその中退に至るまでの内容です。とにかく大学へ入学さえすれば、自動的に高卒資格が認定されたことになり、修得単位数に応じて様々なメリットが生ずるのです。

なぜこのような説明をするかというと、「どうにかして大学へ進学できたとしても、その後四年間も学問に時間を費やすことができない」という人に対するメッセージです。

とにかく、最初から「目的は中退」でいいから、大学へ行くことをためらってほしくないのです。

この方法はあまり人が気にしなかった制度

みなさんの中には「高卒資格が無いのにそもそも大学なんて入学できない」という疑問をお持ちの方もいると思います。

その疑問を解決する、実に簡単な方法があるのです。限られた優秀な人だけが使えるというものではなく、誰もが使える方法です。

別に新しい制度でもありません。

裏技でもありません。

「違法」どころか、法律や通達にも明記されている、文部科学省公認の方法です。

知る人ぞ知る、あまり人が気にしなかっただけの制度なのです。

べんきょう ひとすじ
勉強一筋？
大学か…
中卒・中退・不登校
誰でもイキナリ大学生
……
修ちゃん、やっと本気になってきたみたい
コソコソ
この前、私がよく言い聞かせたからね
特修生…
この制度を使えば高認も入試もなしで大学行けるんだな…

いきなり大学生
お母さん、ぼく大学行こうと思うんだけど
やっとヤル気出してくれたのね最近よく高認の勉強してるもんね
それが、高認受けなくても大学行く方法があるんだよ！
？
実は、こんな本見つけちゃって
中卒・中退
誰でもイキナリ大
大検・高認に

高認のカベ・大学のカベ

インチキか勉強か

続きは94ページへ

7 大学の入学資格には例外がある

高校を卒業していなくても大学入学資格はある

先ほど私は「高卒資格とは大学入学資格があることを指す」と述べました。

高卒資格の無い人は、いきなり大学へ進学するための資料などを見ないでしょうから、知らない方も多いと思います。高等学校を卒業する以外の、例外的な大学入学資格というものは、どのようなものがあるのでしょうか。

平成一九年度の東京大学入学者選抜要項を見てみると、入学資格のところにこんな記述がありました。

(3) 学校教育法施行規則(昭和二二年文部省令第一一号)第六九条の規定により高等学校を卒業した者と同等以上の学力があると認められる者のうち次の各項目の一に該当する者及び平成一九年三月三一日までにこれに該当する見込みの者

(中略)

オ　本学の定めるところにより、個別の入学資格審査をもって、高等学校を卒業した者と同等以上の学力があると本学において認めた者で、一八歳

に達したもの

平成一九年度東京大学入学者選抜要項より抜粋

東京大学は、受験資格として、高等学校卒業や高認合格者以外にも、「本学の定めるところにより、個別の入学資格審査をもって、高等学校を卒業した者と同等以上の学力があると本学において認めた者で、一八歳に達したもの」と記しています。

これはいったい何を指しているのでしょうか。

実はこの一文は、高校は卒業していないけれど研究実績があるとか、職歴が高卒資格に値するとか、大検・高認には合格していないけど合格に等しい学力を持っているなど、受験者の持っている経歴や能力を個別に審査し、東京大学への入学（受験）資格を与えるという規定です。

この規定は、東京大学だけではなく、多くの国公私立大学にも存在します。ここでいう「個別の審査」とは、筆記試験を行うところもあれば、書類選考・面接を行うところ、研究歴を示すのであれば過去の論文を提出するなど、実に多様です。

「私には大学が認めてくれるような学歴・職歴・研究歴なんて無い！」という人は

いくら大学が個別の審査を行うといっても、中卒・高校中退で二〇歳代前半くらいまでの人に、大学が認めてくれるような学力・研究歴・職歴がある人なんて、そうそういません。むしろ、そんな人なら、とっくに高認試験に合格しているかもしれません。

また、学力の乏しい人に、四年制大学が気まぐれで入学資格を与えられたとしても、それはあくまで受験の機会を与えられただけで、その後は厳しい入学試験が控えていて、他の受験生と学力試験で競わなければなりません。いくら少子化によって誰もが大学へ行ける時代であったとしても、一定の学力が無ければ合格はできませんし、その結果、入学できなければ高卒資格を自称することなんてできません。

「入学資格が与えられるような学力も経歴も無い」
「入学資格が与えられたとしても、入学できるはずがない」

もし、あなたがこのような状況だったとすれば、進学しようとする意欲すら無くなってしまうでしょう。

しかし、私がこう回答したとしたら、どう考えますか。

「一定の要件を満たせば、誰にでも大学への入学資格が与えられます」

「入学資格が与えられたら、その大学へ必ず入学できます」

いかがですか。「誰にでも」というのは、ほぼ一〇〇%のことを言っています。

よく、「誰でも東大へ入れる方法」なんて本が書店に並んでいても、まずあてにはなりません。だって、東大の入学定員は一年間で三千人です。その東大に一万人が受験すれば、七千人が落ちるのです。物理的に考えても、「誰でも東大へ入れる」はずがありません。

しかし、私が本書で述べる方法は、一万人がチャレンジすれば、理論的には一万人が成功する高卒資格取得&大学入学法です。

必要なのは、少しの努力と根気だけ。おそらく、高校を卒業するよりも簡単です。

「私立大学なら授業料が年一〇〇万円、四年で四〇〇万もかかるから経済的に無理」

お金については、こういう経済状況の人も多いと思います。
しかし私がこう回答したら、考え直してくれますか。

「入学資格（高卒資格）取得までに一二万円、大学卒業までで合計八〇万円以下」
「時間には余裕があるので、働きながらでも十分に学習が可能」

もし、高卒資格そのものを手に入れたとしても、その後、四年制大学へ進学すると、膨大な授業料が必要です。私立大学と国立大学では国立の方が安いと思われていますが、その国立大学でも、卒業するまでに必要な授業料は四年間でざっと二〇〇万円です。この他に教科書代、交通費、独り暮らしをするとなると家賃・生活費等々、費用がかさみます。

本書で説明する方法は、これらの費用を劇的に節約するばかりか、高卒資格を飛び越え、簡単に四年制大学へ入学できてしまう方法です。北海道でも沖縄でも同じ条件です。しかも、そのまま在学してきちんと学習していけば、その大学まで卒業できてしまうのです。

「そんなに簡単にできるはずがない、非合法なものに決まっている」

その疑問は正しいです。世の中にはたくさんの「うまい話」があって、たいていは裏があるものです。本書の話も、見方によっては裏ワザみたいなものです。しかし、非合法なんてことは一切ありません。文部科学省はもちろん総務省などの、日本の行政府がお墨付きを与えています。文部科学省の担当部署に問い合わせれば、「はい、そういう制度は確かにあります」と回答してくれるはずです。

ちなみに、本書で説明する方法は、中卒・高校中退者向けの教育業界では知っている方が多いはずです。しかし、実践者が少なく、少々ややこしいシステムということもあって、それほど有名な方法ではありません。サポート校などもほとんど存在しません。

じっくり三年間かけて、高等学校を卒業するも良いでしょう。しっかりと勉強できます。

高認を受験するのも良いでしょう。合格した時にはかなりの学力がついています。

しかし、それらを試してもうまくいかなかった人、何年も時間をかけたくない人にとっては、誰でも実現可能なこの方法をお勧めします。キーワードは

「特修生」です。

「特修生」は、君らを
大学につれていってくれる
パスポートじゃよ

第4章　大学通信教育が「いきなり大学生」を可能にする

☆中卒・高校中退者がカンタンに高卒・大学生になれる方法
もう、高卒資格をどうにかしようなんてこと忘れて下さい…
あなたがするべきことは
大学へ行くこと
です。
狙うのは大学の「通信教育課程」（通信制）
この通信制のメリットは
○入学が簡単
○費用も安い
それでも大学は大学。資格や学歴において通学課程と何ら変わりはありません。
ところで、大学生には2つの種類があります
高卒資格いる
卒業が目的
正科生（放送大学では全科履修生
高卒資格いらない
※一部いるところもあります。
一部の科目を勉強するのが目的
いいかえれば、いくら多くの科目を勉強しても卒業はできません。
「○○大卒」にはならない。
科目等履修生（放送大学では選科履修生 科目履修生）
こっちの大学生なら、中卒・高校中退者でもなれる！
大学の中には、高卒資格がなくても「科目等履修生」で(※)「16単位」を取れば入学できるところがあるんです!!
大学の一覧表があるのでみてみてね！
※大学によっては16単位ではない単位数のところもあります。

そう、この方法とは、高卒資格が問われず入学の簡単な「科目等履修生」でまず入学し……
大学
入学後に正科生にヘンシン!!
変身!
大学生
……というものです。
このまま卒業すれば大卒となり、学士の学位が取得できます。
この制度を一般的に
「特修生」と呼びます
大学によっては呼び名が違うので問い合わせるときに気をつけて!
しかも、特修生のときにとった単位は正科生になってからも活用できるのでお得!!
大学卒業に必要な単位
124単位
16単位
特修生時に取得済み☆あと108単位だけとればオーケー
でもそれでどうして高卒になるの?
履歴書にはなんて書けばいいの?
それは、
「文部科学省の認める四年制大学に正規入学した」
「大学入学資格があったんだ」
「じゃあ、高卒資格と同等だ」
というわけです。
あくまで一例ですが、履歴書にはこんな感じで記入
学歴
平成15年3月 成田市立徳田中学校卒業
平成15年10月 放送大学教養学部 選科履修生 入学
平成18年3月 同修了 20単位修得済
平成18年4月 放送大学教養学部 産業と技術 入学
平成19年3月 同 退学
退学しなかった場合は
平成22年3月 同 卒業 学士(教養)取得

続きは104ページへ

8 一六単位で大学入学資格、入学すれば正規の大学生

大学通信教育業界では「特修生」という名称が一般的

大学にも通信制が存在する

みなさんは通信制高校というものを聞いたことがあると思います。自宅にいながらテキストなどで学習し、試験を受けて単位を積み重ねていくシステムです。テキストと通信課題による学習と、実際に授業を受けるタイプの学習を組み合わせ、一定の単位数に達すると高卒資格を取得できるというものです。この高卒資格は全国共通ですから、高校卒業と同時に、大学入学資格を取得することができます。

通信制高校と同様に、大学にも通信制のシステムがあります。通学課程も有名で、かつ通信教育課程としても有名なのは、慶應義塾大学、法政大学、中央大学などがあります。通信教育といえども、卒業すれば、通学課程を卒業した人と同じと取り扱われ、四年制大学卒業者として認められます。

大学の通信教育課程には高卒資格無しで入学できる制度「特修生」がある

先ほど、東京大学の入学資格には「個別の入学資格審査をもって、高等学校を卒業した者と同等以上の学力があると本学において認めた者」という規定がある旨を述べました。

しかし、ほとんどの場合は研究歴・職歴・学校在学歴などを基準にしているため、単なる中卒・高校中退者は想定していません。ところが、大学通信教育の入学資格には、もう一文設定している大学もあります。

例えば、放送大学にはこのような記述があります。

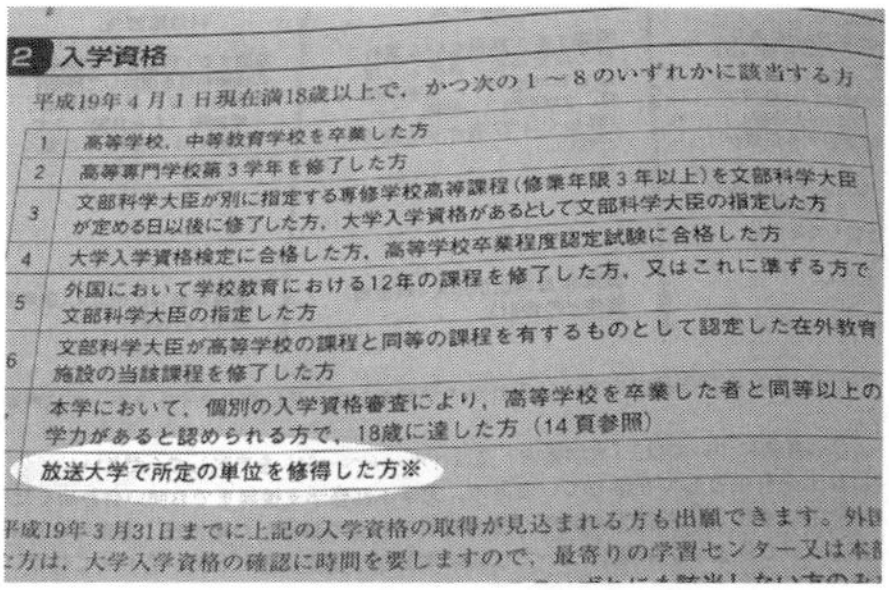
2 入学資格

平成19年４月１日現在満18歳以上で，かつ次の１～８のいずれかに該当する方

1	高等学校，中等教育学校を卒業した方
2	高等専門学校第３学年を修了した方
3	文部科学大臣が別に指定する専修学校高等課程（修業年限３年以上）を文部科学大臣が定める日以後に修了した方，大学入学資格があるとして文部科学大臣の指定した方
4	大学入学資格検定に合格した方，高等学校卒業程度認定試験に合格した方
5	外国において学校教育における12年の課程を修了した方，又はこれに準ずる方で文部科学大臣の指定した方
6	文部科学大臣が高等学校の課程と同等の課程を有するものとして認定した在外教育施設の当該課程を修了した方
	本学において，個別の入学資格審査により，高等学校を卒業した者と同等以上の学力があると認められる方で，18歳に達した方（14頁参照）
	放送大学で所定の単位を修得した方※

平成19年３月31日までに上記の入学資格の取得が見込まれる方も出願できます。外
た方は，大学入学資格の確認に時間を要しますので，最寄りの学習センター又は本

放送大学　学生募集要項
平成19年度１学期より

「放送大学で所定の単位を修得した方」

この所定の単位とは何か、説明文を読んでみると、こうありました。

選科履修生・科目履修生として在籍し、以下の二つの条件を全て満たす方を対象とします。

○　一般科目のうち人文系、社会系、自然系の三分野からそれぞれ一単位以上を修得している

○　共通科目のうち（ただし外国語科目・保健体育科目はのぞく）、合わせて一六単位以上を修得している

つまり、高校卒業者が正規に入学する以外にも、とりあえず在籍することができて、その時に一定の条件を満たす一六単位を修得すれば、放送大学への入学資格を認めてしまうというものです。この「とりあえず在籍する」ことを、放送大学では「選科履修生」とか「科目履修生」と呼んでいます。

実は、このような入学規定を設けているのは、放送大学だけではありません。現在、四年制大学で通信教育課程を有する大学は四〇校ありますが、これらの大学のホームページ調査や、当該大学への取材を行ったところ、このうち、中卒・高校中退者向けの入学制度を用意している大学は二二校で、その多くの大学では、「特修生」という呼称で運営されていることもわかりました。

学生区分は、卒業を目指す者と一部の科目だけ履修する者で分けられる

大学には、卒業を目的にした学生区分と、一部の科目だけを履修する学生区分があります。前者を放送大学では「全科履修生」、他大学では「正科生」と呼ぶことが多く、後者を放送大学では「選科履修生」や「科目履修生」、他大学では「科目等履修生」と呼びます。

大学によって呼称はまちまちですが、科目等履修生を利用して高卒資格を有しない者に入学資格を与える制度は、間違いなく存在するのです。この制度のことを総称して「特修生」と呼びますが、法律上の呼称ではないので、大学等に問い合わせする時は、その名称に気をつけてください。

一般的な特修生の規定は「一年」、「三分野」、「一六単位」

特修生制度を持つ二〇大学の学生募集要項を調べてみると、大学によって微妙な違いがあるものの、およそ次の要件を満たせば、入学資格を得られます。

（1）特修生または科目等履修生として、六ヶ月～一年間在籍する
（2）人文、社会、自然の三分野にわたって履修する

（3）一六単位相当以上修得する

そして、特筆すべきなのは、ここで修得した一六単位についてです。

修得した単位は、正規入学後の卒業要件単位に算入される

興味深いことに、**入学資格を取得するために履修した単位**は、入学後、**既に履修したものとして使用できる**というのです。

普通、高校を卒業しても、高認に合格しても、その後に入学した大学の単位までは修得できません。しかし、この特修生という制度を使って、入学資格を得るために修得した一六単位は、その後の大学生活でそのまま使用できます。

つまり、大学四年間で修得しなければならない一二四単位のうち、約八分の一を修得したことになるのです。

例外的な制度「特修生」には更に例外がある

一般的な特修生制度は、科目等履修生として一六単位修得すればよいと述べましたが、微妙に異なる大学があります。

例えば、北海道情報大学は一八単位、産業能率大学は二〇単位としています。近畿大学は、入学資格認定コースとして一四単位が必須とされていて、この単位は入学後の算入はされませんが、高校中退者などは必須単位数が軽減されます。

また、サイバー大学では、「特修生」という名称を使っていても、中卒・高校中退者のための入学制度ではありません。

本書の巻末に、特修生開設大学一覧を用意しておきましたので、参考にしてください。

学　歴	
平成13年3月	横浜市立中田中学校　卒業
平成14年4月	神奈川県立松沢高等学校　入学
平成15年3月	同校退学
平成17年4月	放送大学教養学部　選科履修生　入学
平成18年3月	同　修了　16単位修得済
平成18年4月	放送大学教養学部　生活と福祉　入学
平成19年3月	同　退学

特修生を利用して入学・中退した場合の履歴書の学歴記載例

一六単位修得後、大学に入学をすれば理論的には高卒資格

あなたが、「高卒資格は欲しいけど大学卒業まではいらない」と思うなら、通信制大学で特修生となり、所定の一六単位を修得して当該大学に入学した時点で大学生です。入学して一年後に退学すれば、記録上は「四年制大学に一年間

在学して一六単位を修得後、退学した」ことになるのです。

この事実をもって「高卒資格である」とは、人は認めてくれないかもしれません。しかし、あなたは文部科学省が認める四年制大学の正規の課程に入学したのだから「大学入学資格があった」ことを暗に示していることになります。

本書の80ページで、大学入学資格があるということは、それは事実上の高卒資格であることを述べたように、少なくとも求人情報などに「高卒以上」と記載されている場合は、間違いなく高卒以上の学歴として扱われます。ただし、実際に高校を卒業したわけではないし、高認に合格したわけでもありません。いちいち「高校は出ていないけど大学へ入学して退学した」という説明をするのがわずらわしいと思いますが、履歴書にきちんと記載しておけば、全く問題はないはずです。

そのまま卒業すれば、問答無用で大卒資格と学士が得られる

「特修生」という制度は、大学が入学資格として掲げる「個別の入学資格審査」の中の、大学通信教育のみに与えられた制度です。大学に仮入学して、「一六単位を修得できる能力があるのなら、大学入学資格はあるから正規に入学させる」という、特例中の特例と言っても良いでしょう。そして、その大学

で卒業要件単位を修得すれば、立派に大学卒業者です。ついこの間まで高卒資格があるか無いかで悩んでいたはずのあなたが、コツコツと単位を修得して一二四単位を積み重ねれば、今度は自信を持って就職情報誌の「大卒以上」の求人欄を見ることができるのです。

さらに、大学を卒業すると、「卒業した」という事実証明と同時に「学士」という学位を与えられます。学士は英文で「Bachelor」と表記し、国際的にも大学卒業として通用します。日本では卒業の有無を問題にすることが多いのですが、欧米では、学士の学位を持っているか否かが重要とされています。

修二君が征く——9　特修生の法的根拠、長いけれど読んでみる？

特修生は…

学校教育法（法律）
学校教育法施行規則（省令）
大学通信教育設置基準（省令）
文部事務次官通達（通達）

から成り立っています。

ちなみに、「省令」「通達」というのは省庁（ここでは文科省）の偉い人が法律の具体的な実行方法を定めたものです。

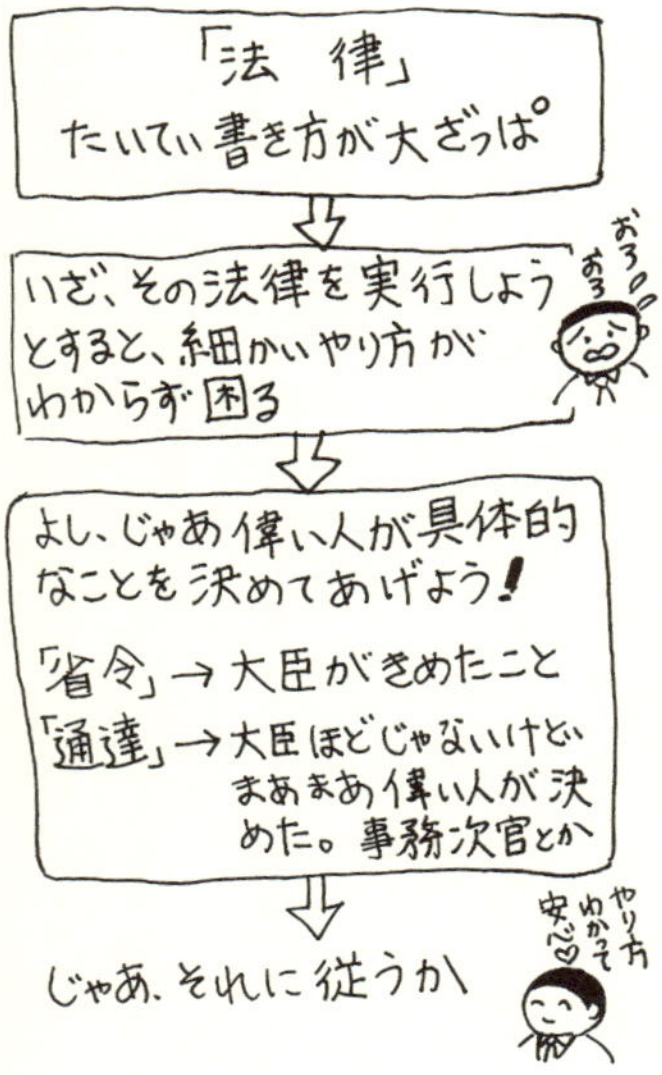
「法律」
たいてい書き方が大ざっぱ
いざ、その法律を実行しようとすると、細かいやり方がわからず困る
おろおろ
よし、じゃあ偉い人が具体的なことを決めてあげよう！
「省令」→大臣がきめたこと
「通達」→大臣ほどじゃないけど まあまあ偉い人が決めた。事務次官とか
じゃあ、それに従うか
やり方わかって安心

具体的な特修生の法律的成り立ちはこうです。

学校教育法

第五十六条　大学に入学することのできる者は、高等学校を卒業した者若しくは中等教育学校（注・中高一貫のこと）を卒業した者（通常の課程による十二年の学校教育を修了した者（通常の課程以外の課程により、これに相当する学校教育を修了した者を含む。）

「または」ってイミです

又は文部科学大臣の定めるところにより、これと同等以上の学力があると認められた者とする。

「これって一体なんなんですか!?」

「それはね、具体的にこういうこと」

大臣

学校教育法施行規則

第六十九条

七、大学において**個別の入学資格審査**により、高等学校を卒業した者と同等以上の学力があると認めた者で、十八歳に達した者。

「なるほどて。ところでその**個別の入学資格審査**」ってのは」？

「じゃあ、今度は私が指示しよう」

文部事務次官通達（昭和56年10月29日）

一四大学通信教育の聴講生に係る入学資格

（二、通信教育において聴講生（注・科目等履修生のこと）として相当程度の授業科目を履修した者について当該通信教育の行う大学において、相当の年齢に達し高等学校を卒業した者と同等以上の学力があると認められる場合には、学校教育法施行規則第六十九条第五号（現在は条文が増えて第七号にずれました）の規定により、大学の入学資格があるものと認められること。

この場合において、相当以上の授業科目を履修した者とは、人文、社会・自然の三分野にわたって十六単位相当以上の授業科目を履修した者とするのが適当であること。（中略）

大学入学資格の認定は、各大学の判断により行うものであって認定を行った大学のみその効力が及ぶものであること。また、このような取扱いは、通信教育のみであること。

続きは114ページへ

「一気に言われても何が何だか…」

「要するにこういうこと！」

大学の個別の審査とは

① 「人文」「社会」「自然」全ての分野から16単位以上とった。

② 18歳以上。

この2つを満たせば、大学に入れるということ。

ただし、通信教育に限ります。

長々と説明してしまいましたがこんなことどうでもいいんです。

ただ、「特修生なんてのはね～法律的には無効な制度だよ」と、知ったかぶって言う人がいたら、この条文を教えてあげて下さい。

9 特修生の法的な位置づけ

「法的に認められていない」と、知ったかぶりする人に反論する

中途半端に特修生制度を知る人は、「特修生制度は、法律上の高卒資格としては認められない」と知ったかぶりをして制度を批判することがあります。こういう人は意外に多いので、あえてここで説明しておきます。法律的な文章が苦手で読みにくい人は、読み飛ばしても構いません。

法的な根拠は学校教育法（同施行規則）、大学通信教育設置基準、文部事務次官通達

実はこの「特修生」という制度は、学校教育法（法律）と同施行規則（省令）、大学通信教育設置基準（省令）と、文部事務次官通達（通達）によるものから成り立っています。学校教育法は法律ですが、他は省令や通達であるため、小さな六法には掲載されていないことが多く、詳細を説明したものが乏しいので、あまり知られてはいません。

しかし、法律よりも下位の法規範であっても、当時の文部省が公式に出した法的拘束力のあるものですから、国内の大学はこの法律・省令・通達に従って

います。
詳細な文言については文部科学省のホームページなどで公開されている文書ですのでそちらを参考にして下さい。

9 特修生の法的な位置づけ

学校教育法

第五十六条　大学に入学することのできる者は、高等学校若しくは中等教育学校を卒業した者若しくは通常の課程による十二年の学校教育を修了した者（通常の課程以外の課程によりこれに相当する学校教育を修了した者を含む。）又は文部科学大臣の定めるところにより、これと同等以上の学力があると認められた者とする。

この「文部科学大臣の定めるところ」を学校教育法施行規則で規定しています。

学校教育法施行規則

第六十九条　学校教育法第五十六条第一項の規定により、大学入学に関し、高等学校を卒業した者と同等以上の学力があると認められる者は、次の各号の一に該当する者とする。
（中　略）
七　大学において、個別の入学資格審査により、高等学校を卒業した者と同等以上の学力があると認めた者で、十八歳に達したもの

この「個別の入学資格審査」について、さらに詳しく昭和五六年一〇月二九日、文部事務次官通達によって規定しています。

文部事務次官通達（昭和五六年一〇月二九日）
一四　大学通信教育の聴講生に係る入学資格
（一）通信教育において聴講生（科目別履修生等として授業科目を聴講する者を含む。）として相当程度の授業科目を履修した者について、当該通信教育を行う大学において、相当の年齢に達し、高等学校を卒業した者と同等以上の学力があると認められる場合には、学校教育法施行規則第六九条第五号の規定により、大学の入学資格があるものと認められること。
この場合において、**相当程度の授業科目を履修した者とは、人文、社会、自然の三分野にわたつて一六単位相当以上の授業科目を履修した者とする**

のが適当であること。

（中　略）

なお、学校教育法施行規則第六九条**第五号**の規定による**大学入学資格の認定は、各大学の判断により行うものであって、認定を行った大学にのみその効力が及ぶもの**であること。また、このような取扱いは、**通信教育のみの取扱いであること**。

この通達は、学校教育法施行規則の当時の条文を基準に作成してあるため、現在は第六九条**第五号**を、第六九条**第七号**と読み替えます。また、現在は聴講生ではなく、「科目等履修生」と読み替えます。

この文部事務次官通達によって、大学側の判断に任せるとしてある個別の入学資格審査を、通信教育に限っては、「人文・社会・自然の三分野に渡って一六単位以上」を満たした者は、一八歳になれば問題なく入学を許可しても良いということです。もちろん、この規定は、大学側の裁量に任せられているので、この規定を置くか置かないか、規定通り一六単位とするかそれ以上とするかについては大学によってまちまちなのです。

入学前の単位が卒業要件単位に通算できる理由も条文にある

正規の入学前に修得した一六単位が、入学後に認められる理由も条文から読み取ることができます。

学校教育法施行規則

第六十八条の二　学校教育法第五十五条の二に規定する修業年限の通算は、大学の定めるところにより、大学設置基準第三十一条又は短期大学設置基準第十七条に規定する科目等履修生（大学の学生以外の者に限る。）として一の大学において一定の単位（学校教育法第五十六条の規定により入学資格を有した後、修得したものに限る。）を修得した者に対し、大学設置基準第三十条第一項又は短期大学設置基準第十六条第一項の規定により**当該大学に入学した後に修得したものとみなすことのできる当該単位数**、その修得に要した期間その他大学が必要と認める事項を勘案して**行うものとする。**

長文でややこしいですが、要するに大学側の裁量によって入学後に修得したものとみなすことができるのです。本来は、特修生として在籍した期間も通算できるようにも見える記述なのですが、しっかりと「入学資格を有した後に単位を修得した期間」と書いてあるので、「単位の通算は認められるけど、修業年限の通算は認められない」ということになります。

それにしても、法律の条文はややこしいですね。

特修生制度で大学へ入学しても、退学したら意味がない？

特修生制度を設けている大学の要項には、たいていこういう文言が入っています。

大学入学資格の認定を行った大学にのみその効力が及びます

これは、例えば放送大学で一六単位修得して入学資格を得たあなたが、他大学の入学資格を得たことになるわけではないという断り書きです。文部事務次官通達にも同様の文言がありますね。

大学入学資格における「効力」とは、相手を拘束させる力を指します。つまり、放送大学で一六単位修得した人は、放送大学へ入学するための力を持っているけど、「他大学は入学を断ってもよい」ということです。逆にいえば、ここには、受け入れ先の大学が「入学を認めてはならない」とは書いていないので、受け入れ先の相手の大学が個別の入学審査によって認めれば、「入学を認めても構わない」ということになります。

高校卒業者や高認合格者は、どこの大学に対しても入学資格という名の効力を持っていますが、特修生による入学資格が他大学へは及ばないとされる根拠はここにあります。

裏技の話（一）「特修生で大学を卒業しても高卒にならない場合」

この本を読んで、「なんだ、高校なんて出なくても大学に行けるんだ！」と思った方は多いと思います。

特修生という制度を使い、目的の通信制大学に入学し、晴れて大学生となって四年以上在学して、必要な単位を修得すれば大学を卒業することになります。そうすれば社会的にも名実ともに大卒です。仮に中退しても高卒とみなしてくれるところも多いはず。

今までは中卒・高校中退者として、ある意味「肩身の狭い思い」をしてきた、そんな生活ともおさらばです。もしかしたらどっかで見下されていたり、そんな冷たかった世間の目ともおさらばできるかもしれません。

晴れて大卒なら、ちょっとした会社に以前よりも楽に就職することができますし、既に仕事をお持ちの方であれば中卒扱いで計算されていた給料も大卒として計算しなおしてもらえるかもしれません。ボーナスだって少しは増えるかもしれません。年齢やその他の条件があえば公務員にもなることができるでしょうし、さらに希望すれば大学院に進学することだって夢ではありません。修士や博士にだってなれちゃうかも？

でも、ちょっと待ってください！　実は注意しなければならないことがあるんです。

特修生で大学卒業しても高卒ではない？

特修生の制度を利用して大学に入学し卒業する。そして大卒の証明となる学士の学位を取得できたとしても、厳密には高卒ではないのです。「大学を出たのだから高卒以上」であることは、事実としてはその通りなのですが、法律上は問題がありまして、「大卒なんだけど高卒ではない」という、ちょっと変わった状況になる場合があるんです。

一般の社会人のままなら問題になることはないはずなのですが、例えばある種の資格が欲しくなったとか、取得しなければならなくなったときに問題が生じることがあります。

いくつかあるのですが、医療系の国家資格がその典型です。医療系といっても、医師・歯科医師や薬剤師などはそれぞれ専門の大学に入学あるいは編入して修了さえすれば国家試験の受験資格を得ることができますが、診療放射線技師、理学療法士、作業療法士、鍼灸師（はり師・きゅう師）、あん摩マッサージ指圧師、柔道整復師などのいくつかの医療系資格は、学校教育法五六条第一項に規定されている「大学に入学することができる者で…」という資格、つまり「高校卒業（大検・高認の合格）」が必要になるんです。いま挙げた資格には、それぞれ専門の大学や専門学校などがありますが、それらの学校に入学することそのものは特修生を経た通信制大学卒業の資格でも可能です。しかし、仮に入学を許可されて卒業できる状態になったとしても、前提となる「高卒資格」がないので、国家試験を受験することができないという事態が生じます。

それで私は、鍼灸の専門学校へ進むために、当時の大検を受験したのです。

国家試験の受験資格がもらえないのに専門学校へ行くなんて人はいませんよね。まさか知識や技術だけ欲しいという物好きな方はおられないと思いますし。

ちなみに、同じ医療系でも、看護師については中卒でさえあれば准看護師の養成学校〜看護師養成学校と経ることができますので、高卒資格は必須ではありません。

修二君が征く――10 中退だって正解だけど、大学行くとこれだけおトク

こんなにあります 大学へ行くメリット

①税理士・社会保険労務士の受験資格とれる!!

※例・放送大学

税理士 受験資格

- 全科履修生（ぜんかりしゅうせい）で3年以上在籍
- 36単位以上修得
  1. その中には法律か経済に関する科目を含めること。
  2. 「共通科目」から24単位以上とること。
  ※外国語・保健体育のぞく

社会保険労務士 受験資格

- 全科履修生で62単位以上修得

これらの受験資格は、大学以外でも、実際に経理の仕事や社会保険事務所への勤務を数年することでも得られます。

…が、中卒、高校中退者にとっては、こちらの方がずっとハードルが高いのではないでしょうか。

②パソコンのソフトが安く買える。

「アカデミックパック」という格安の価格で入手可

パソコンソフトって何万円もするから学割が効くのってすごく助かるな!

例えば…

- マイクロソフトオフィス
  ワード（パソコン）やエクセル（表計算）でおなじみ
- イラストレーター
- フォトショップ
- ファイアーワークス
  Web制作必須! 画像編集ソフト
- フラッシュ
  Webコンテンツ用アニメーション作成ソフト
- ドリームウィーバー
  Webサイト作成ソフト プロ仕様でカッコイイ!

これらが半額くらいで買えます!

③もちろん学割もいろいろ使えます。

電車・バス

☆面接授業、スクーリング時の交通

- 通学課程のような定期券ではなく、通信課程の場合は「回数券」で対応します。（大学によってまちまち）

キャンパスデーパスポートとか

ディズニーランド 遊園地・博物館 美術館

高速バス 長距離フェリー ☆学割効くとこ多

- 放送大学の場合は面接授業以外でも、学習センターや附属の図書館に行くときでも学割が使えます。

特修生の星☆大平光代弁護士
うっうっ
えっ大平光代さんも特修生だったの!
ねえ、特修生から弁護士になった人がいるのよ!
みんなもがんばってやって
中卒 ← 近畿大特修生 ← 近畿大学入学 32単位修得 ← 司法試験 一次試験免除 ← 二次試験のみ受験して合格!! 弁護士に
ほらココ!!
あ、ほんとだ

取った単位は一生有効
……なところが多い
大平光代さんが受けた旧司法試験は、学歴とわず誰でも受けられます。
ただ、大学で所定の32単位をとることで、
一次試験 ・一般教育科目 ・外国語
二次試験 ・法律
ここの部分を受けなくてもよくなるんです。
残念ながらこの旧司法試験は平成二十三年で廃止になります。
せっかくヤル気になってたところだったのに…
ただし、新司法試験を受けるときの必須条件である法科大学院へ行くには
大卒であることが必要です。
大卒 → 法科大学院 → 司法試験
それこそ特修生制度で大学入学・卒業すればOK
大学で単位をとるだけで将来の生活を向上させる「足がかり」が作れるんです。
ステップアップ
キャリアアップ
この分だけ有利
大学の単位

続きは124ページ

10 大学を卒業しなくても旧司法試験・税理士受験資格

大学に在学していることで得られる各種公的資格や公的地位

中卒でも弁護士になれる

現在は大阪弁護士会に所属している大平光代さんは、高校を卒業していません。大学も卒業していません。中学生の時に陰湿ないじめに遭い、自殺未遂の末に一六歳で暴力団組長と結婚。その後、離婚して更正の道を模索する過程で、司法試験の受験を考えました。

司法試験の二次試験受験資格を得る

平成一九年現在、司法試験は二種類あって、学歴にこだわらず受験が可能な「旧司法試験」と、法科大学院を修了して受験資格が得られる「新司法試験」がありますが、大平さんが受験したのは旧司法試験です。

旧司法試験は、一次試験と二次試験に分けられており、一次試験は一般教育科目と外国語の試験に合格しなければなりません。その一次試験に合格すると、二次試験で法律学に関する短答式・論文式・口述式の試験を受けることができます。

一次試験は学歴に関わらず、誰でも受験が可能ですが、大学に二年以上在学し、所定の三二単位を修得すると、一次試験が免除されて、いきなり二次試験から受験ができます。大平さんは、中卒の学歴しかありませんから、大学に二年以上在学するためには大検（高認）を経て大学へ進学するか、一次試験から受験するかのいずれかを選ばなければなりませんでした。そこで、大平さんは近畿大学の特修生制度を利用して同大学へ正規入学し、順当に単位を修得して司法試験の受験資格を得ます。

大平光代弁護士の著作（いずれも講談社）

司法試験に見事合格！

詳細については、大平光代さんの『だからあなたも生きぬいて』（講談社）などの著作に書いてありますが、ただでさえ合格が難しい司法試験に、中卒の女性が、**大学通信教育の特修生制度を経て合格した**ことは、極めて珍しいことです。

残念ながら、旧司法試験はまもなく廃止されます。そして今後は法科大学院を修了しなければ司法試験を受験できなくなりますから、通信制の大学に二年在学して受験するという技は不可能になります。しかし、法科大学院へ進むための基礎資格となる大卒資格は、この特修生制度を使って入学・卒業すれば簡単に得られるわけですから、今後は法科大学院を視野に入れて大学進学をすれば良いということになります。

大学を中退しても得られる資格・試験免除・受験資格

大学の工学部建築学科を卒業すると一級建築士の受験資格、看護学部を卒業すると看護師国家試験の受験資格が与えられるなど、卒業すれば資格そのものや受験資格が与えられることはよくあります。「中退しても得られるもの」というのはあまり聞きませんが、放送大学の資料を読むと、次ページのような表がありました。

この規定は、放送大学だけではありません。全ての四年制大学、全ての学部学科において、この要件を満たすことができれば、それぞれ受験資格や一次試験免除を得ることができます。

現に、大平光代さんが実際に旧司法試験に合格した前例がありますから、間違いありません。

ところで、税理士や社会保険労務士に比べ、司法試験の一次試験免除については、特修生で修得した一六単位にもう一六単位を積み上げれば、すぐに三二単位ですからすぐにクリアできます。私の友人に、放送大学（産業と技術専攻）を卒業後、就職面接で履歴書

税理士試験	受験資格取得	全科履修生として三年次以上で法律学又は経済学に関する科目を含め計三六単位以上（うち、共通科目【外国語科目・保健体育科目を除く】を計二四単位以上）修得。
社会保険労務士試験	受験資格取得	全科履修生として共通科目、専門科目の中から六二単位以上修得。
（旧）司法試験	一次試験免除	全科履修生として二年以上在学し、外国語科目（狭義の外国語のほか、外国書購読等の外国語を中心とする科目を含む）四単位以上一六単位以内、共通科目（外国語科目・保健体育科目を除く）及び専門科目のうち法学以外の分野の科目一六単位以上、併せて三二単位以上（ただし、不足の場合には司法試験科目以外の法学科目も八単位まで含めることができる）修得。

の資格欄に「司法試験一次試験免除」と書いたら、人事担当者に法律的な教養がある人と思われて合格した人がいます。一次試験免除資格は大学を卒業した人なら全員が持っているので、本当は自慢にもならないはずなのですが、あえて書くとこういう効果もあるのです。

学生でいることによるメリット

通信制の大学生という社会的地位や評価は、入試を経験している訳ではないため、決して高いものではありません。ところが、それでも正規の学生という地位には、学割というメリットが充実しています。

正規の学生（放送大学では全科履修生）になると、様々な学割があります。社会人として働いていても、学生証があるだけで、携帯電話、インターネットプロバイダ、アミューズメント施設など、種々の割引が受けられます。

交通機関の学割については、面接授業（スクーリング）の時のみ適用とする大学が多いのですが、放送大学については自習や図書館利用のために通学する場合、自宅から学習センターまでの公共交通機関の料金が学割（おおむね二割引）になります。

この他、学生であるというだけで、海外旅行代金が割引になることもあります。

日本国内だけではありません。中国語圏では日本の大学の学生証を見せればそのまま学割を受けられることもあれば、国際学生証を入手すると、美術館やホテルなど、様々な施設の割引が受けられることは知られています。

私自身も、台湾の水族館、ロンドンのB&B（格安の宿泊施設）、ロサンゼルスの映画館など、様々な割引を受けてきました。今も学生ですから、もちろん活用しています。

裏技の話（二）「行政書士の受験資格が高卒だった頃」

私は現在、いろいろな資格を有しています。実際に仕事に直結するものもあれば、そうでないものもあります。また、もう使えなかったり、名乗ることもできない資格もあります。もちろん、私も人間ですから、受験に失敗した資格（学校）なども当然あります。

すべてが順風満帆だった訳ではありません。これら資格を取得等しようとした過程の中で、幾つか面白い体験をしたことがありますので書いてみようとおもいます。

行政書士国家試験を大学の在学証明書で受験

現在、この試験は受験資格が撤廃され、誰でも受験できるようになりました。

でも、ちょっと前までは高卒が受験資格の一つになっていたことがあったのです。私がこの試験に挑戦していた平成元年から六年頃はまさしくそんな時期でした。

最初にこの試験の受験をしたのは札幌（北海道）に住んでいた時なんですが、この札幌時代とこの次の東京で住んでいた時、私は高卒資格を持っていませんでした。朝鮮学校高級部を修了していましたが、日本の高校の卒業生ではありません。それなのに、私は受験できたのです。

実は、私は大学通信教育の学生だったことがあります。私が卒業した朝鮮学校高級部は、学校教育法に基づく学校ではないから、大学入学資格は無いはずです。しかし、私立大学の一部では朝鮮学校高級部の卒業生を受け入れることがあり、そのルートを使って、中央大学通信教育部で正規の大学生となっていたのです。

そして実際に北海道庁（石狩支庁）へ中央大学の在学証明を添付した願書を提出し、この資格で受験できたんです。これはつまり、「大学在学>高卒」という意味なんですが、本当はこれ、ダメだったんです。

本当はダメなはずなんだけど、「高校を卒業しなければ大学へは入学できないはずだから」と役人さんもつい勘違いして書類を通してしまったんでしょう。

ひょっとすると、道庁にはローカルルールみたいのがあったのかもしれませんが、これは今となっては知る由もありません。

その後、平成五年度試験の受験時は、実家のある新潟に戻っていたのですが、このときは法律の運用に若干の変更があって、朝鮮学校高級部修了者でも、知事の判断により高校相当修了者として受験することが可能になっていました。ただし、願書提出前に個別の審査を受ける必要があって、普通の高校なら卒業証明書があれば足りるのですが、調査書やらなにやら面倒くさい書類を提出して、「行政書士試験受験資格認定証明書」なんてものを交付してもらい、それを願書に添付して受験の申請をするという、実に面倒な手順を踏まなければなりませんでした。

「行政書士試験受験資格認定証明書」は、もともと珍しい書類なのですが、この時期は、当時の新潟県知事がとある事件で辞職され不在だったので、「県知事事務代理者副知事」名義の、さらに珍しい書類の交付を受けました。この書類は手元に残っていませんが、残っていれば値打ちが出たかもしれませんね（笑）。

第5章　放送大学なら入学まで12万、卒業までなら70万

いざ、放送大学!

放送大学
千葉学習センター
事務窓口
あの〜特修生制度で入学したいんですけど…
は?
※放送大学で「特修生」といっても通じないので注意
中学しか出てなくても入学できる制度があるって聞いて…
あ〜科目履修生と選科履修生のことね
半年間在籍できるのが科目履修生
かもくりしゅうせい
一年間在籍は選科履修生
せんかりしゅうせい
科目履修生
6ヶ月
選科履修生
12ヶ月
在籍期間ごとに更新します

友だちできた

全科履修生(正科生のこと)になるには、こんな感じで16単位を選ぶんですよ。
共通科目
一般科目
人文
社会
自然
外国語
保健体育
基幹科目
主題科目
必須
いらん
合計16単位以上
あの〜
わしも教えてくれんかのー
小学校しか出とらんでのー
なんかみんなで受ける授業があるんじゃろ?
ああ、面接授業のことですね!
よかったら一緒に面接授業とりませんかのー
友だちおらんでのー
面接授業の科目案内はあちらから郵送されます。
え、ぼくですか?

放送大学ってこんなとこ

15才の大学生!?

続きは134ページへ

11 放送大学とはこんな大学

開設科目は三〇〇、テレビラジオで受講、学習拠点は全国津々浦々

放送大学がオススメな理由

「特修生として在籍するにはどこの大学がよいか」と聞かれれば、私は迷わず放送大学をおすすめします。その理由は単純です。いくつかの大学通信教育で挫折した私でも、簡単に卒業できたからです。

本当は全ての大学通信教育をきちんと調べ上げた上でどこが良いか説明したいところですが、二二の大学を事細かに取材するわけにもいきませんでした。いきなり放送大学を選ぶのも構いませんが、人には相性というものもあるので、いろいろ吟味した上で大学を選択してください。

放送大学はＮＨＫではないが、ＮＨＫによって制作されている

放送大学は、本部が千葉県にある放送大学学園が運営しています。放送授業の制作などはＮＨＫが行っているため、しばしばＮＨＫが運営している大学と誤解されますが、法人格としては全く別物です。

大学本部は主に文部科学省や総務省から、各地にある学習センターは主に地域の教育委員会や国公立大学から出向された職員で構成されています。

放送大学における特修生制度は「科目履修生」と「選科履修生」の活用形

放送大学には「特修生」という名の学生区分はありませんので、大学に問い合わせをするときは、「高卒資格が無い人のための入学制度」と言うとわかりやすいと思います。

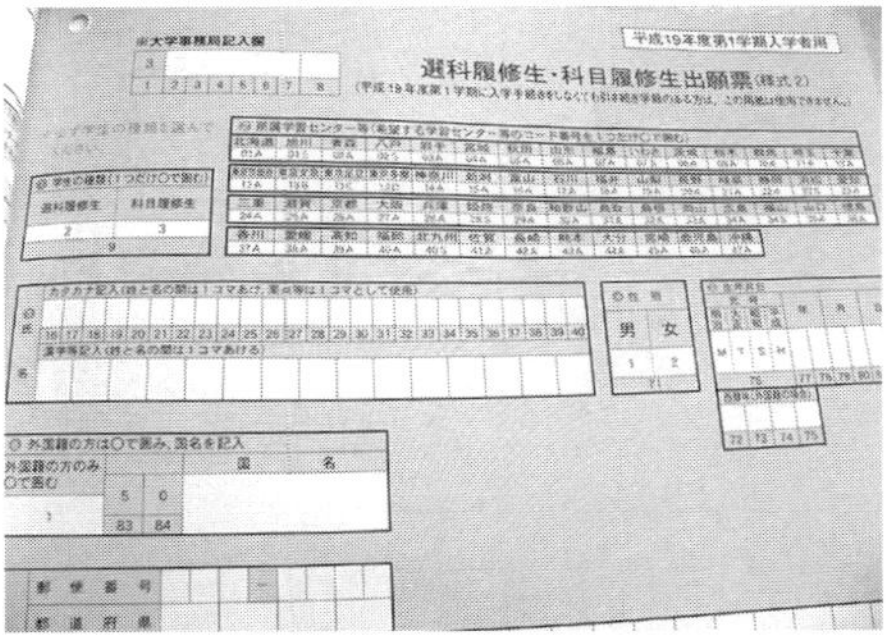

各学習センターで配付される
放送大学の出願表

放送大学の学生区分は、四年以上在学して卒業を目指す「全科履修生」、六か月間在学して一部の単位修得を目指す「科目履修生」、一年間在学して一部の単位修得を目指す「選科履修生」の三区分で、このうちの科目履修生と選科履修生を、「特修生」として使います。半年で一六単位修得する自信があるなら科目履修生を選びますが、とりあえず一年間在籍可能な選科履修生がおすすめです。

放送大学の入学資格は「一般科目」から各区分一科目以上で一六単位

放送大学における特修生は、「一般科目」の中の、「人文」と「社会」と「自然」に分類される科目の中から、各一科目以上を履修登録し、これらの科目が合計して一六単位に達していれば、正規の入学に必要な単位数を満たしたことになります。なお、人文・社会・自然の科目から各一科目以上を修得していれば、「共通科目」を併せても構いません。

もちろん、正規に入学して全科履修生となるには、一八歳以上でなければならないので、一五歳から一七歳の人は、このまま科目履修生や選科履修生を継続して単位を積み重ねていけば、全科履修生として入学した後の履修が楽になります。

四七都道府県全てに学習センターを開設

放送大学は、四七都道府県全てに学習センターを設置しています。この他にサテライトスペースと呼ばれる施設も設置しています。これらの学習拠点では、図書館・視聴覚室を有しているので学生は自由に利用できるほか、職員が常駐しているので証明書の交付や学習相談などのサービスも受けることができます。

授業は「放送授業」と「面接授業」

放送大学の授業形態は、大きく二つに分けられます。一つは放送授業で、もう一つは面接授業です。

放送授業は、テレビやラジオで放送される授業を視聴し、履修登録後に届けられるテキスト（印刷教材）を読んで勉強し、授業開始約一ヶ月後に送られてくる通信指導を提出して単位認定試験を受け、その試験で六〇点以上得点すると、一科目につき二単位が与えられます。

面接授業は、学習センターなどで行われる二時間一五分の授業を、計五回受講するというものです。この授業は、一回ずつ五週に渡って受講する「毎週型」、連続する二～三日に集中して受講する「集中型」、土日に受講する「土日型」があり、いずれも一科目で一単位を修得できます。

このほか、四年次生を対象にした「卒業研究」という六単位科目（三単位が放送授業、三単位が面接授業の単位としてそれぞれカウントされる）などもあります。

我が国を代表する教授陣がテレビやラジオで講義する

放送大学は、大学名の通り、通信制としての基本的な授業は「放送授業」によって行います。

番組そのものは地上波のほか、CS放送のスカイパーフェクTV!やケーブルテレビなどを使って無料で視聴することが可能で、学生でなくても番組そのものは視聴できます。

教授陣は、研究実績の顕著な方や、他大学から招かれた客員教授などで構成されていますから、通信制とはいえ、一般の大学と遜色ありません。

学生は一五歳以上で高齢者も多数在籍

放送大学は、テレビとかラジオといったメディアを使い、郵便によって通信添削を行います。最近ではインターネットだけで完結する授業を行う大学通信教育もありますが、放送大学は使い古された「放送」とか「郵便」というインフラ（基礎的基盤）を使い続けているため、高齢者も多く在籍しています。

インターネットに慣れている方にとってはまどろっこしい点もあるのですが、高齢者が普通に学習して単位を修得できることを想定しているため、授業内容は易しく、テキストも丁寧に作られています。

放送大学の授業料は一単位五五〇〇円

放送大学の授業料は、一単位当たり五五〇〇円です。特修生として必要な一六単位を修得するだけなら八万八〇〇〇円、卒業までに必要な一二四単位を修得するには六八万二〇〇〇円です。放送授業・面接授業ともに教材費などは別途請求されませんから、学習センターまでの交通費、郵便料金、入学料などを合計しても、卒業までには一〇〇万円もかかりません。

一般的な文系の私立大学に通うとなると、授業料だけで四年で四〇〇万円かかりますから、コストだけ考えてもかなりお得です。

放送大学なら最短六ヶ月で入学資格、一八歳で正規入学すれば二二歳で卒業

例えば一七歳の秋に科目履修生として六ヶ月間で入学して一六単位を修得すれば、最短一八歳で正規入学ができて二二歳で卒業が可能となります。中卒・高校中退者の場合、高卒資格の取得に手間取ると、同年齢の友人よりも遅れてしまい、浪人・留年を経験するのと同じ年齢になってしまいます、一八歳以上を入学条件としている大学の特修生だと、最短でも一九歳で正規入学、二三歳

で卒業となります。

特修生制度を有する多くの大学は、入学資格を一八歳以上としていますが、放送大学は一五歳から在籍することができますから、早めに行動をとることができるのです。

放送大学の唯一のデメリットは、名前がダサいこと？

私も経験がありますが、放送大学はしばしばＮＨＫ教育テレビや、マスコミ志望の人が研修する学校と誤解されることがあります。

また、放送大学をある程度知っている人にしてみれば、入試を受けなくても誰でも行けるといったイメージがあります。同じ通信制の大学でも、慶應義塾大学、法政大学、中央大学、日本大学などは、通学課程も併せ持っているし、通学課程は偏差値も高くて歴史も長いことから、放送大学と比較すると、確かにレベルが低い印象があるかもしれません。

しかし、これらの伝統校には特修生制度が無いし、高卒資格を持っている人が仮に入学したとしても卒業に至るまでの難易度が高いのも事実です。

すると、特修生制度を使って大学生になるには、放送大学が適当かもしれません。

裏技の話（三）「大検を受験するための三二歳の高校生」

札幌の会社勤めを辞め、それからは実家の焼肉屋で仕事をしていたのですが、鍼灸・マッサージの資格を取ろうと思いました。

先輩や知人に同種の仕事をしている方々がいらっしゃったので、割と気楽な考えで思い立ったのも事実です。直接お会いしたり電話したりして、どこの学校に行ったかとか、学費がいくらだったかとか、試験は難しかったか否か、色々聞いてみました。いずれも朝鮮学校の卒業生である先輩や知人でしたから、「これは楽勝？」と思ったのです。

それで調子に乗って、東京にある鍼灸や柔整の学校に「朝鮮学校高級部卒でも基礎資格はありますよね？」と尋ねてみました。結果を聞いて愕然としました。実は平成二年に鍼灸や柔整などの法律が改正され、それまでは都道府県単位での試験で、国家試験の受験資格には「高卒」という制限がありませんでした。

私がこの道を目指そうと思い立ったのが平成八年秋のことですから、少しばかり遅かったんですね。そして、専門学校の方からは大検（現・高認）を受ければどうかというアドバイスを受けました。

さっそく大検を受験するために必要な情報を集めることにしました。が、ここでも一つショックなことを発見しました。大検そのものの存在は知っていましたが、当時の大検には受験資格があったんです。義務教育修了者（日本の中卒）であるか、あるいは高校中退者、定時制または通信制の高校に在学している者でなければ、大検を受験することができないのだそうです。

いや〜、正直まいりました。だって、私は中学も朝鮮学校でしたから、大検を受験するには、中学からやり直さなければならないことになるんです。どうしようか途方に暮れていたのですが、自分の出身校に問い合わせてみたんです。茨城の朝鮮学校なんですが、同級生に歯科医や薬剤師になった方もいましたので、当然その情報を教えてくれると思っていたんですが、実はけんもほろろに扱われて、門前払い同様の扱いを受けてしまったんです。

しょうがないので、東京にある朝鮮高校に問い合わせました。母校でもなんでもないんですが、ここは人数も多い所なので、もしかすると、という淡い期待を抱いてのことです。

結果オーライ！

とっても親切に教えてくれました。東京の国立市にあるＮＨＫ学園という通信制高校に朝鮮中学卒の資格で入学させてもらうという裏技です。この方法であれば、曲がりなりにも高校生です。大検の受験資格もあります。かくして、三二歳の高校生が誕生です。もっとも、その夏の大検を受検し、必要な科目に合格することができたので一年足らずの在学でした。

専門学校の受験資格を得るために大検、その大検の受験資格を得るためにＮＨＫ学園という遠回りをしなければならなかったのは、ちょっと大変な道のりでした。

ところで当時の大検は、高校中退者の科目免除以外には、英語と簿記に科目免除の制度がありましたので、大検受検に先だって簿記検定（それも「もっとも簡単」な全商簿記三級）に合格しておきました。これも一種の裏技と言えるかもしれませんよね。

まだまだ大丈夫!?

通信指導に挑戦

単位認定試験

試験採点中

続きは144ページへ

12 通信指導と単位認定試験、マークシートは簡単か？

放送大学の単位認定試験は、勉強しなくても二割は正答する

放送授業の通信指導や単位認定試験は大半がマークシート

　慶應義塾大学や法政大学の通信教育課程に在籍したことのある人が、放送大学の通信指導や試験問題を見ると、ほとんどの人がこう驚きます。

なんだこりゃ？　放送大学は、ずいぶん簡単に単位が取れるんだなぁ

　慶應や法政などの伝統的な大学通信教育の場合、入学は簡単でも、卒業するまでには長い道のりと苦労があります。これらを私は「難関校」と呼んでいます。

　例えば、みなさんがこれら難関校で四単位を修得しようと思ったら、指示された課題や設問に対し、一〇〇〇字くらいのレポートを、四通提出しなければなりません（大学や科目によって違いはあります）。そしてその提出したレポートが添削されて六〇点（C評価）以上得点することと、その後行われる単位

認定試験で一〇〇〇字程度の記述式試験で六〇点以上得点することの双方が必要です。

ところが、放送大学は、マークシート式の科目であれば、一〇〜二〇問程度の択一式の通信指導と、一〇問程度の択一式の単位認定試験で二単位です。仮に四単位を修得するとすれば、通信指導二通と試験二回ということになります。

放送大学から送られてくる通信指導

他大学の一〇〇〇字程度のレポートは相応の文章作成能力が必要なのはもちろん、配本されたテキスト以外にも何冊かの文献を探し出して執筆したり、レポートの前半と結論部分で矛盾が起こったりしないように注意をしなければなりません。また、レポートや論述試験は、ほとんど文章を作成した経験のない人にとってはハードルが高く、最初の一行でつまずいてしまう人も多いはずです。ある程度経験のある人でさえも、六〇点以上というボーダーラインがどの程度か、全く見当がつかないことも多いようです。

大学に限らず、通信教育をやってみて、「送られてきたテキストや課題をそのまま積んで放置する」なんて経験のある人は多いと思います。


やるからには頑張って勉強するぞ、一流の大学で頑張るぞ！


という考え方も悪くはありません。しかし、頑張りすぎて失敗するくらいなら、まずはハードルを下げてみるのも一つの方法です。

つまり、「同じ単位なら、論述式のレポートよりも、択一式（マークシート）の方がラク」ということです。

マークシート方式の通信指導はテキストを横に置けば簡単に解ける

通信指導で出題される問題は、一科目解答するために、どんな文献を参考にしても構いませんし、期限までに投函すれば、どんなに長い時間をかけても構いません。

ただし、通信指導の出題は、たいていの場合はテキストに書かれているため、設問をしっかり読んでテキストの該当個所を見れば、ほとんど簡単に解けるはずです。

慣れてくると、放送授業を視聴しなくても、テキストもほとんど読まずに、問題文の選択肢だけで正解を導ける場合もあります。

放送大学の単位認定試験のマークシートにはひっかけ問題は少ない

通信指導がマークシート方式で合格したら、次は単位認定試験です。単位認定試験は一学期なら七月下旬から八月上旬、二学期なら一月下旬から二月上旬に開かれるので、その試験の一ヶ月くらい前までに通信指導の添削結果と単位認定試験の受験案内が届きます。

マークシート試験は、大学入試センター試験をはじめとして、実に多くの大学の入学試験に使われていますが、入試の場合は合格者と不合格者を選別するために、必ずひっかけ問題とか、間違えやすい設問を用意しておきます。

ところが、放送大学の単位認定試験は、基本的に合格させるための試験ですから、ひっかけ問題らしきものはほとんどありません。私は今までに、放送授業だけで一〇〇単位近い単位を修得していますが、そのようなものはほとんどありませんでした。

高齢者と同じ土俵で試験を受けるのは大きなメリット

放送大学の単位認定試験を受けに行くと、廊下や休憩所には、学生があふれていることが多く、五〇歳とか六〇歳とか、それ以上の年齢の方が多く目につきます。

現実に、コツコツ勉強して単位認定試験を受験して単位を修得する高齢者はたくさんいますし、私の知っている放送大学の卒業生には七〇歳の人もいます。

一般の大学は、基本的に一八歳から二四歳くらいまでの若者を対象としています。入学試験を課していることもあり、それなりに高いレベルの教育内容や習熟度を要求され、単位認定試験もおのずとレベルが高くなります。しかし、放送大学は高齢者の学生が多いことでも有名ですから、高齢者がふつうに勉強して合格できることを基準にしています。

つまり、マークシート方式（択一式）の試験が多く、実に良心的な問題が多いのです。例えばこのような問題が出題されたら、皆さんは回答できますか。

【例題】 次の環境問題に関する記述のうち、明らかに誤っているものを一つ選びなさい。
1. 環境問題は、一国だけではなく、世界中の問題であることを認識する必要がある。
2. 自国の大気汚染を放置すると、周辺国の自然環境に影響を与えることがある。
3. 河川が汚染されると、魚介類を通して人の健康被害を引き起こすことがある。
4. 地球温暖化は自然現象だから、いかなる場合も放置すべきである。

地球温暖化は、人間の引き起こす環境破壊によるものもあれば、本当の自然現象である場合もありますが、「いかなる場合も放置すべき」と、そこまで極端に書いてあれば誤りの選択肢であることがわかります。したがって、あなたが環境問題にさほど詳しくなくても、4が正解であることが想像できると思います。

放送大学の場合、単位認定試験で一〇問が出題されたら、二～三問についてはこういう良心的な問題ですから、取りこぼしなく解答します。そして、他の七～八問については、それなりに頑張って取り組むことで二～三問には正解できます。残りの四～六問については、でたらめにマークしても確率的には得点できるはずですから、合格点の六〇点は、さほど難しくないということになります。

パソコンが変えた人生

私が初めてパソコンにふれたのは朝鮮大学校生の時ですから、昭和五八年頃だったと思います。同級生でパソコンにめっぽう詳しい方がいて、その方にいつも憧れのまなざしをもって接していました。大学校の授業でもパソコンやオフコンを使って実習する学部学科もありましたが、私が在籍した学科では基本的にその類の授業がなく、パソコンがほしければ自前でということになります。しかし、当時のパソコンは高嶺の花。安いとされたNECのPC-6001という形式のものでも本体だけで十数万円しました。それにモニターやらなにやら組み合わせると三〇万をゆうに超えてしまいます。そんな時、その同級生が新しいパソコンを購入することになったので、それまでに使っていたパソコン（PC-6001の改造型）を「払い下げて」もらうことができました。それでも数万円だった記憶があります。

同級生にレクチャーを受けながら、プログラミングを勉強したりしました。まぁ、率直に言ってしまえば挫折したのですが、それでもパソコンにふれることができたので、パソコンに対する免疫とでもいうか、嫌うようなことはありませんでした。原体験というのはとても大事なものです。

その後社会に出て、自分で働いてそれなりの収入を得るようになってからは、自費で新しいパソコンを購入し、アプリケーションソフトを中心にちょこちょこいじるようにもなりました。

転機を迎えたのは札幌に引っ越してから初めての冬でした。当時東芝からノート型の小さなパソコン（ダイナブック）が発売され、あまりの格好良さについ衝動買いしてしまったんです。モデムが内蔵できるタイプのもので、これでパソコン通信というものに初めてチャレンジすることになった訳です。単に友人とメールがしたい、というのが最初の動機でした。パソコン通信といえば、当時NIFTY-ServeやASCII-NET、PC-VANなどがありましたが、私は課金無制限（定額制）の日経MIXに加入しました。ここで新しい世界を発見することになりました。まず、私は「license会議室」という、いろいろな国家試験やら検定試験やらの情報を扱う会議室に参加したのです。ここで知り合った知人の誘いでNIFTY-Serveに活動の場を移し、資格試験フォーラム（FLICENSE）で、この本の共著者である松本肇さんに出会いました。さらに、ここでのいろいろな出会いが、大検を始めとする医療系の世界に自分を誘ってくれるきっかけを与えてくれました。パソコンとの出会い、そしてパソコン通信との出会いがあって、いまの私がある訳です。

今はパソコン通信からインターネットになり、会議室というクローズドな世界から掲示板というオープンな世界に移り変わりましたが、楽しさは変わりません。

面接授業は
レポート提出が多い
では、今日の授業はここまでです
面接授業ってもっとつまんないと思ってたけどけっこう面白かったなー
そうじゃろ？テストの点数とるためだけが勉強じゃないんじゃよ
でも次回までにレポート提出って言ってましたね：：
はー
わしも苦手じゃ：
綿毛（わたげ）さーん
おお、那須さん
レポートの書き方教えて
ナースをしてる那須真奈美（なす まなみ）です
こんにちは！
友だちたくさん作るのも目的だからのー
この前面接授業で友だちになったんじゃよ
ナースミ？
私、看護専門学校を出たんだけど
放送大学で単位取って「学位授与機構（がくいじゅよきこう※）」で看護学の学位とるのが目標なの！
☆キャリアアップのために放送大学に通う社会人もたくさんいます。
※独立行政法人大学評価・学位授与機構。50種類以上の学士を取得できる。
あの～那須さん頼みがあるんだけどの～
？
わしらにレポートの書き方を教えてくれんかのお
お願いします！
あ、いいですよ

レポートは「説明」

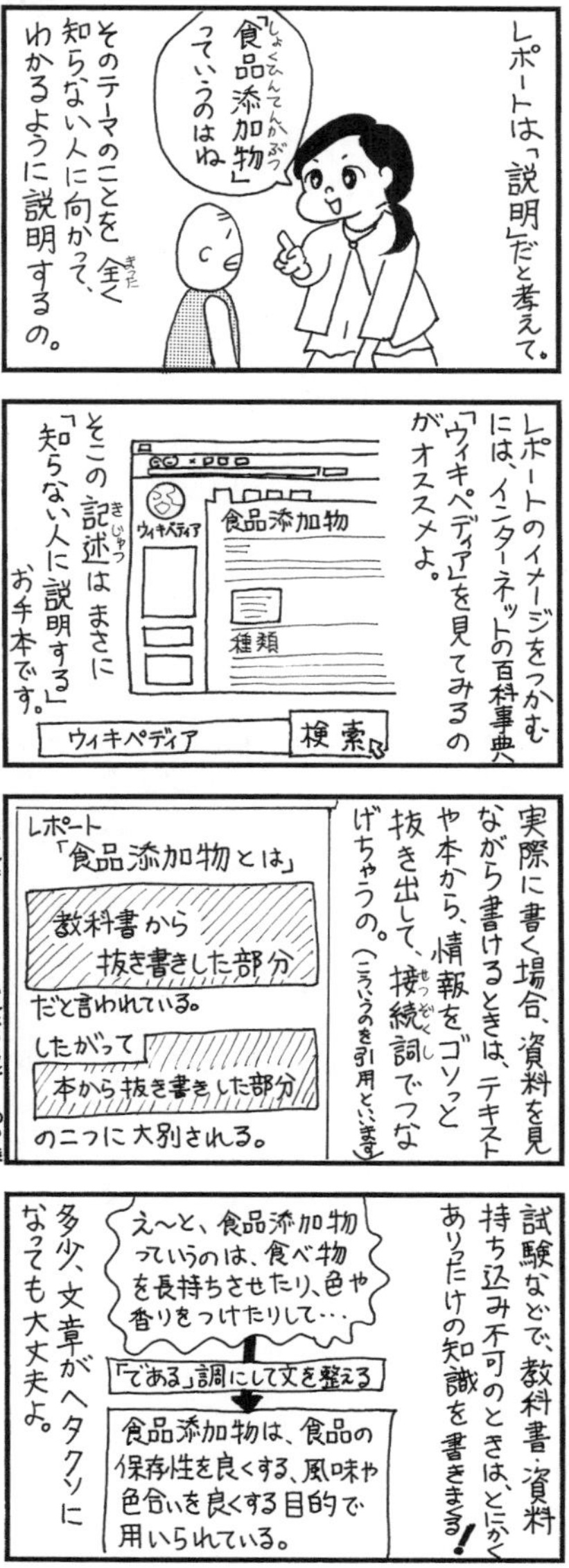

※引用したら引用元も明記しておきましょう。

論文は「説得」

◀ 続きは158ページへ

13 小論文は真面目に書いているように見えればいい？

作文とレポートと論文は同じようで違う

ふつう、通学課程の大学へ進学すると、必ずといっていいくらい、授業ではレポートの提出を課せられたり、設題に対して小論文で解答する試験が行われたりします。

高校を卒業して大学へ入学したばかりの人は、このレポート提出や小論文試験に慣れていないため、苦労する人が多いのです。

放送大学の通信指導・単位認定試験には記述（論述）式もある

放送大学に関しては、マークシート方式の通信指導・試験が大半ですが、記述式の科目もあります。記述式は、理科や数学などの計算の過程と解答を書いて出す場合を除き、ほとんどの場合は設題に対して八〇〇～一〇〇〇字程度の論述で解答する、いわゆる「小論文方式」です。また、設問によっては二〇〇字程度の論述を四題というケースもあります。

大学の試験やレポートの合格レベルはそれほど高くない

大学で行われるレポート課題や単位認定試験の出題傾向は、実にまちまちです。文系と理系、学部と学科、教授の性格など、様々な状況が考えられるため、本書で全てに対応するような解説はできません。

しかし、放送大学に限らず、大学の授業で要求されるレポート課題や試験で出題される小論文は、それほど高いレベルは求められません。要するに、たいていの試験は、教科書で説明された内容について、「説明せよ」とか「論ぜよ」といった形式で問うものです。

例えば、「食品添加物について説明せよ」というレポート課題が出されたら、その授業で使用している教材はもちろん、図書館で食品添加物について書かれた本を持ってきて、必要な情報を抜き出して食品添加物を説明すれば良いというだけです。もし、同様の問題が単位認定試験で出題されたら、テキストやノートの持ち込みが可能な試験であればレポート同様に情報を抜き出して書けばよいし、持ち込み不可の試験なら、自分の頭の中にある知識をフル活用して説明すればよいのです。

しかし、普段、文章で物事を説明することのない人にとって、いきなり「食品添加物についてレポート用紙五枚程度にまとめよ」とか、「八〇〇字程度で説明せよ」と言われても、なかなか書けるものではありません。

「何をどの程度書けば合格か」と「何が書かれていなければ不合格なのか」がわからなくて苦手意識を持っている人も多いはずです。

小論文作成能力を高めるには、書いて書いて書きまくって体得するしかない

書店へ行くと、「小論文の書き方」的な本が、実にたくさん売られています。私も高校時代はよく買いました。何冊もの小論文対策本を買ってみてわかったことは、「文章の書き方を本で解説されてもよくわからない」ということでした。

例えるなら、小論文の書き方とはスポーツのようなもので、対策本を読んでも膨大な時間の割に体得できることはわずかです。フィギュアスケートの選手が、自分一人で演技を研究するようなもので、専門家である指導者がチェックしてくれなければ、なかなか自分で直すことができないものです。

小論文のマニュアル本は、レポートや論文の型や、文章を展開させていく順番などは説明できても、「いかに読み手にうまく理解させるか」という技術は説明されてもなかなかわからないものなのです。すると、小論文の作成能力を

高めるには、「何度も書いて、文章能力のある人に読んでもらって直す」の反復練習しかないということになります。しかし、いきなり大学の授業で出てくるような事柄について説明する練習といっても、なかなか難しいと思いますので、教科書や図書館の文献に頼らなくてもある程度わかることについて説明してみると、文章を作成するコツがわかってきます。

「ドラえもん」を説明することができるか

小論文試験やレポート課題で出題される「○○を説明せよ」という問題は、一言でいえば、「その○○について、見たことのない人に説明して、想像させることができるか」という能力が必要です。マンガやアニメになっている「ドラえもん」を、見たことの無い人に説明する時、みなさんはどうやって説明しますか。

このマンガはとても有名ですので、ほとんどの人が解答できるのではないでしょうか。

答案例A

ドラえもんは身長一二九．三センチで、未来の世界から来たロボットで、のび太の家に住んでいて、ネズミが嫌いである。

この説明は、少なくとも間違ったことを説明はしていません。しかし、ドラえもんを知らない人にこれだけ言って説明しても伝わりませんね。そこで、私ならこう書くと思います。

答案例B

ドラえもんは、藤子・F・不二雄原作のマンガである。主人公のドラえもんは、未来の世界で誕生したネコ型ロボットで、タイムマシンを使って現代にやって来たという設定である。のび太という小学生の未来をより良いものに変えるために、様々な秘密道具を使って問題を解決する架空の物語である。

こう書くと、それなりに説明できたと思います。

もしこの設問が、「八〇〇字程度で説明せよ」とあれば、ドラえもんに関するエピソード（身長・体重、ネズミ嫌い）や秘密道具の紹介（タケコプター、どこでもドア）やその他の登場人物（ガキ大将：ジャイアン、子分：スネ夫）

などを加えて説明すれば良いということになります。

同様に、先ほど出てきた「食品添加物」を説明するとこうなります。

答案例C

食品添加物とは、食品の製造・加工・保存の目的で、食品に添加、混和、浸潤その他の方法によって使用されるものである。

この説明は、食品衛生法という法律に書かれている文章ですから、やはり間違いではありません。しかし、食品添加物というものを知らない人にとっては、この文だけでは理解しにくいでしょう。そこで私ならこう書きます。

答案例D

食品添加物とは、食品の製造・加工・保存の目的で、食品に添加、混和、浸潤その他の方法によって使用されるもので、保存料・殺菌料・酸化防止剤などの食品の品質を保つものと、甘味料・香料・着色料などの食品の嗜好性を向上させるものの二つに分けられる。

もっと説明するのであれば、「我が国では法律上、『指定添加物』と『既存添加物』と『然香料』と『一般飲食添加物』の四つに分類されていて、それぞれ品目が指定されていること」などを付け加えたり、それぞれの分類に属する具体的な添加物名を書けば字数を稼ぐことができます。（参考：嘉田良平『食品の安全性を考える』二四〜二五頁、放送大学）

もちろん、テキスト・ノート持ち込み不可の試験では、漢字を忘れてしまったり、文章の前後が入れ代わってしまったりするなど、文章のクオリティが少しばかり下がってしまうのは仕方がありません。

「作文せよ」と「説明せよ」と「論ぜよ」は解答の仕方が異なる

東大合格を目指す落ちこぼれ高校生と破産寸前の高校とその教師たちを描く『ドラゴン桜』（講談社）の第五巻に、「電車の優先席は無くすべきかそうでないかについて論ぜよ」という例題が出ていて、私はハッとしました。学習マンガはいろいろありますが、ここまで「論ぜよ」について正確に説明できているものは極めて珍しいのです。

この例題に対し、「電車の優先席は無くすべきである。なぜなら、優先席が無くてもお年寄りには当然席を譲るべきだからだ」という答案を作成した女子生徒は、講師から○点と言われてしまいます。女子生徒は、極めて正しい意見を述べたのにも関わらず○点だったのは、彼女の答案が作文だったからです。「論ぜよ」と指示された問題に対し、作文を書いたのであれば、不合格なのです。

ちなみに、ここで「優先席は障害者・高齢者・妊婦・子ども連れが、この席の周辺に立った場合、座っている健常者は進んで席を譲るべきもので…」と書くと、「説明せよ」に対する解答です。

「論ぜよ」に対する正解は、「優先席を無くすべき」の意見を支持するなら、その理由とともに「存続させるべき」の意見も同時に述べ、両方の意見を戦わせて自分の結論を出すというものです。

「ドラゴン桜」第５巻
三田紀房　講談社

作文とレポートと論文の違いを説明するのは難しい

辞書をひくと、作文は「文章を作ること」だし、レポートは「調査・研究などの論文・報告書・報告記事」で、論文は「筋道を立てて自分の意見を述べた文章・研究の結果をまとめた文章」とあって、それぞれについて、具体的な違いを説明するのは難しいのです。

このドラゴン桜の事例を知っていれば、迷うことはあまりないと思いますが、学生でいると、必ずといっていいほど「作文」と「レポート」と「論文」の分類や仕分け方法に悩みます。

作文は自分の主張や意見を述べただけのもの、レポートは何かについて調査して説明するもの、論文は何かについて調査してそれに対する反論や別の可能性を同時に書いて自分の意見を付したものとなります。

放送大学の通信指導や単位認定試験の記述（論述）問題は文章が書いてあればいい？

長々と説明してしまいました。つまり、普通の四年制大学の論述試験で求められる文章は、それなりの知識と、それなりの文章の組み立てができなければ合格点は取れないということをお伝えしたかったのです。

その一方で、あくまで経験則ですが、放送大学で求められる、記述（論述）試験のクオリティは決して高くはありません。これもまた、高齢者を対象にしているとことや、今までほとんど勉強してこなかった人を対象にしているため か、「八〇〇字程度で論ぜよ」という設問に対しては、一生懸命に書いてある ように見えれば良いのです。

例えば、こういう答案はどうでしょうか。

【問題】日本経済について、諸問題を挙げて説明せよ。

日本は、現在、さまざまな経済の問題を抱えている。例えば景気が悪い ということだ。景気が悪いと、就職ができなくなる。就職ができないとい うことは、みんなが貧乏になるから、これは問題である。貧乏な人が多い と、犯罪者が増えるので、これも問題である。犯罪者が増えると警察がた いへんになって、刑務所がパンクする。すると、お金はかかるばかりで、 みんなは不幸せである。だから、景気が悪くならないように、考えていか なければならない。

この答案は、確かに「経済が悪くなると犯罪者が増える」とか、「治安が悪 くなると税金が浪費される」ということを説明しています。しかし、大学生と しては文章のレベルは低いし、「考えていかなければならない」なんて結論で締めくくって、結局、何が言いたいのかがわかりません。だから、普通の大学なら、不合格です。

ところが放送大学はちょっと違います。文章のクオリティはこのままでいいから、とにかく字数を増やし、思いつくことをどんどん書いてしまうのです。

採点を担当する先生がこの答案を見ると、「書き方は中学生並だけど、字数だけは八〇〇字に足りているし、マジメに書いているようにも見える」と感じてしまうのです。だって、放送大学は高齢者も多いのです。高齢者がマジメに八〇〇字書いたものを、不合格にしたくはないのです。

あなたが仮に一八歳だったとしても、答案には年齢が書かれていないから、しぶしぶC評価（合格）をつけてしまうのです。

もちろん、厳しい先生もいるので、全てこの方法で良いとは言いません。しかし、「通信指導も出さず、試験も受けないから〇単位」より、「とにかく書いて、インチキ臭いけど頑張って書いてギリギリ二単位」の方がはるかに良いのです。

第6章　放送大学の特修生で楽して入学・楽しく卒業！その極意

面接授業 2回目

がんばる人は応援される

サークルで体育の単位ゲット！

仲間がいた！

◀続きは168ページへ

14 卒業率に見る放送大学卒業の難易度

三人に一人が卒業って、多いのか少ないのか

国立大学は九八・四%、私立大学は九七・一%が卒業する

日本私立学校振興・共済事業団私学経営相談センターが平成一七年度の学校法人について行った調査「学校法人基本調査」によると、国立大学の中退率が一・六%で、私立大学の中退率が二・九%という結果が出ました。この数値をひっくり返すと、国立大学は学生の九八・四%が卒業し、私立大学では九七・一%が卒業するという計算になります。つまり、四年制大学は、一〇〇人が入学したら、約九七人は卒業できるという調査結果です。

放送大学は入学者の三人に一人が卒業する?

通学課程の一般の大学では、ほぼ全員が卒業すると言っても良いくらいの割合の人が卒業します。そこで、大学通信教育の状況を調べてみることにしました。ところが、通常、大学通信教育は入学者数だけとか、卒業者数だけしか公表しないので正確な数がわかりません。ただし、放送大学に関しては、その両

方を公表しているため、集計すると、図のような数値になります。

放送大学は平成一〇年度から四七都道府県全てに学習センターを開設して学生を募集したため、平成九年の入学者数と平成一〇年度では、倍近い開きがあります。（※平成六～九年の卒業生は、この表では割愛しています）

この表の平成六～一三年度の入学者数を分母にして、平成一〇～一七年度の間に卒業した人数を分子にして計算すると、卒業率はおよそ三六％となります。同様に、平成八～一五年度の入学者を分母にして計算すると、卒業率はおよそ三二％となります。

つまり、あくまでも概算ですが、放送大学の卒業率は三二～三六％ということになります。

	入学者	卒業者
平成6年度	4829	（省略）
平成7年度	6469	
平成8年度	5529	
平成9年度	5800	
平成10年度	10108	1706
平成11年度	15668	1905
平成12年度	13418	2139
平成13年度	13565	3170
平成14年度	10897	3786
平成15年度	10477	4461
平成16年度	11603	4544
平成17年度	11105	5223

放送大学　全科履修生入学者数・卒業者数比較

放送大学の全科履修生には卒業を目的としない人も多い

放送大学には、一年次からの通常の入学者もいれば、短大・専門学校卒業者などの二年次編入・三年次編入などの入学方法があります。最大一〇年間の在学期間を利用して、学割を目的とした在籍を続けている者、五年・八年・一〇年計画でコツコツ履修している者、ある特定の科目を修得するために卒業せずに全科履修生でいる者など、実に様々な人たちがいます。入試は無いし、学費は安い。図書館は使い放題だから卒業しない。

実は、本気で卒業を目指している人がどれくらいいるのか、全くわからない状況で、全科履修生の卒業率を調べても、あまり意味がないのです。

一般の大学についてはほぼ全員が卒業するのに対し、放送大学は三人に一人の卒業というと、やや少ないような気もします。みなさんが入学できても、三人に一人しか成功しないと思うとやる気にならないかもしれません。

卒業を目指す全科履修生の実質的卒業率は八〇%くらい

私は平成九年の秋に三年次編入（学士入学）して以来、現在も放送大学に在籍し続けています。この間に三回卒業し、一〇年間に渡って、周囲の学生たちを見てきましたが、ほとんどの学生が卒業しています。マジメに学習すると、そのほとんどが卒業できるカリキュラムになっているのです。

難関とされる大学通信教育を卒業した人のエッセイには、「毎日予習復習をして、しっかりと本を読んで、四年間は図書館通いの日々」なんて苦労話が書かれていますが、放送大学に関しては、そこまで苦労したなんて話を聞いたことがありません。

つまり、放送大学においては、しっかり本を読んで研究を極めるタイプよりも、浅く広く効率的に単位を修得してしまおうという人の方が、本当に簡単に卒業できてしまうのです。こう考えると、本気で卒業を目指した人の八〇％は卒業しているはずと、私は確信します。

中卒・高校中退者が勉強できない理由と、放送大学なら何とかなる理由

みなさんにはこんな経験がありませんか。

学校の勉強ができなくて、親や先生に怒られ、自分自身も反省した。

そこで一念発起して本屋へ行って、苦手な科目の参考書と問題集を買ってきた。

問題集の一ページ目を開き、参考書を横に置いて勉強を始めるけど、わから

ないものはわからないし、いくら問題集に記入しても、全く頭に入っていかない。

わからないところは先生に聞こうと思っても、わからないところがどうわからないのかがわからないので、どうやって質問すればいいのかもわからない。

慣れない勉強は眠くなってくるし、一時間も机に座っているとこう思ってしまいます。

「一時間勉強してこの程度の理解なら、人並みになるまでには何年かかることやら…」

そして自信を喪失してしまいます。

自分は一生懸命勉強しようとしたのに、全く理解できなかった。

頑張ったのにダメだった。

それなのに親や先生は、「勉強しないからダメなんだ!」と怒るのです。

勉強したことを誰も評価してくれなくて、何もかも嫌になって、もう勉強なんてしたくなくなる。

実をいうと、これは私の実体験でもあります。

「やりたくない勉強はもうやらない」という考え方

私の友人に、中学受験、高校受験、そして大学受験の全てに失敗した男がいます。彼は二浪の末に私立大学の二部学生となりました。

決して彼は頭が悪い訳ではありません。彼は電車（鉄道）が大好きで、頭の中に時刻表が入っているのではないかと思うくらい、電車に関しては優れた知識と記憶力を持っていました。鉄道オタクというと変なイメージがあるかもしれませんが、私からすれば天才的な能力だったのです。その後、彼は運輸関係の会社に就職して、今も元気にやっています。

要するに彼は、好きなことはトコトン好き。嫌なことはいくら頑張ってもダメという男です。苦手なことを頑張るよりも、得意なことで才能を伸ばせる人も多いのです。

高校は文部科学省の規定で、国語・社会・数学・理科・英語や、その他の科目を全てこなさなければならないのに対し、大学は膨大な科目の中から好きな科目だけを選択して履修しても卒業できるというメリットがあります。すると、高校はまんべんなく理解できる人が優秀で、大学はある特定の分野に才能を発揮できる人が優秀ということになります。一定のカリキュラムがこなせなければ卒業できないという高校よりも、ダメなら別の科目で満たせばいいというのが大学の良いところなのです。

卒業率の高さは科目数の多さに比例する？

ここでまた卒業率に話を戻します。

放送大学は放送授業だけで三〇〇を超える科目が揃っています。そして、それに加えて面接授業も多く開講されています。

つまり、これだけ多くの科目があれば、どんな人でも一つや二つ、得意な科目が見つかるはずなのです。

放送大学の卒業率が三〇％以上というのは、まさに放送大学の科目数の多さによるものではないかと私は思っています。

学校には向き不向きとか相性がある

放送大学が最も良いと力説しても、やはり学校にはカラーがあって、向きや不向き、相性というものがあります。

私の知人に、難関とされる大学通信教育を卒業し、その後大学院へ進んで修士を取得した人がいます。その知人は、その後も別の大学通信教育へ行っては卒業を繰り返しているなど、パワフルな人なのですが、「どうも放送大学だけは苦手なんですよ」と、かたくなに放送大学を避けるのです。

だから、仮に私が「八〇%が卒業できる」と言っても、あなたは残りの二〇%の側にいる人かもしれません。あなたもまた「放送大学だけは苦手」という可能性もあるので、もし試してみて相性が悪いと感じたら、遠慮なく他の大学へ移ることをお勧めします。

居場所(いばしょ)を求めて

ダンスサークル
へ〜じゃあ内木さんも特修生なんだ
うん
中学もあんまり行ってないから
高認とか絶対ムリだと思って…
私の不登校で親がノイローゼ気味になっちゃって家にもいづらいし
なんかいい方法ないかなって必死で探してたら…
こんな本見つけて
おんなじ本!!

それぞれの必勝法

放送授業ちゃんと見てる〜?
ううん、よく見忘れちゃう
通信指導だったらテキスト読むだけでもけっこうできるよ
へ〜
ただ、しめ切りだけは守らないとダメみたい!
12月1日必着
非情
しめきりすぎましたよ
12/2
通信指導
通信指導って一回落とすと、次は半年先なんだっけ!?
私はしめ切りだけは間に合うように、あらかじめ切手を貼って名前や住所だけ先に書いちゃうの。
千葉市美浜区若
放送大学
放送大学
氏名　フリ
現住所
そうすると後で楽だよ

科目は平均点で選べ!

あいた時間は「夢」につかえ!

続きは184ページへ

15 これでカンペキ！　特修生で放送大学に楽して入学

この方法ならほぼ全員がうまくいくはず！

　ここでお話しする内容は、私が放送大学に在籍し、自ら体験したことや編み出した技がいろいろ入っています。実をいうと、本当は大した情報ではありません。どちらかといえば、ちょっとした小ワザです。しかし、その小ワザが合否を分けることも多く、考え方次第、やり方次第でうまく行くものです。
　この方法なら、ほとんどの皆さんが所定の一六単位を修得して放送大学に入学できるはずです。高卒資格や大学進学をあきらめる前に、ぜひ一度は試してください。

地元の放送大学へ行って願書を貰ってくる

　放送大学は、四七都道府県全てに学習センターがあり、この他にもサテライトセンターと呼ばれる学習拠点があります。事前に電話で問い合わせてから行くと良いでしょう。

選科履修生・科目等履修生出願票に記入する

高卒資格を有していないあなたは、まずは選科履修生か科目履修生を選びます。選科履修生の入学料は八〇〇〇円、科目履修生は六〇〇〇円ですが、まずは一年間在籍可能な選科履修生がお勧めです。

出願票の裏面の科目登録欄に希望する科目を記入する

ここに、別冊の授業科目案内で紹介されている「共通科目」の中の「一般科目（人文系）」、「一般科目（自然系）」、「一般科目（社会系）」からそれぞれ一科目以上を記入します。八科目履修登録すると、全て修得できた時には所定の一六単位を修得したことになります。なお、一般科目の人文系・自然系・社会系からそれぞれ一科目以上を履修していれば、「共通科目」の中にある基幹科目、主題科目から履修登録しても構いません。

平成一九年度の開設科目については、次ページにに一覧がありますので参照してください。

放送大学　平成19年度開設放送授業　共通科目一覧
（外国語・保健体育の科目は除く）

一般科目（人文系）	一般科目（自然系）
心理学入門（'06）	初歩からの微積分（'06）
心の科学（'04）	線型代数入門（'03）
認知心理学概論（'06）	確率・統計の基礎（'05）
精神分析入門（'07）	情報科学の基礎（'07）
発達と教育の心理学的基盤（'05）	物理の世界（'07）
教育の方法（'04）	基礎化学（'06）
基礎教育学（'07）	基礎生物学（'03）
哲学入門（'04）	生物学の歴史（'05）
現代を生きる哲学（'07）	生物集団と地球環境（'07）
倫理思想の源流（'05）	疾病の成立と回復促進（'05）
生命と人生の倫理（'05）	人体の構造と機能（'05）
現代思想の地平（'05）	疾病の回復を促進する薬（'07）
音楽理論の基礎（'07）	変化する地球環境（'04）
日本語学概説（'06）	宇宙とその歴史（'04）
国文学入門（'04）	宇宙像の変遷と科学（'04）
近代詩歌の歴史（'04）	惑星地球の進化（'07）
東アジアのなかの日本文化（'05）	実験科学とその方法（'06）
人文地理学（'04）	物質の科学と先端技術（'04）
博物館概論（'07）	数学再入門（'07）
コミュニケーション論序説（'07）	身近な統計（'07）
こころとからだ（'07）	物理の考え方（'07）
日本語表現法（'07）	科学的な見方・考え方（'07）
世界の名作を読む（'07）	エネルギー学の基礎（'07）
人類の歴史・地球の現在（'07）	物質循環と人間活動（'07）
	かしこくなる患者学（'07）

一般科目（社会系）	基幹科目
法の世界（'04）	世界の産業再編成（'04）
日本国憲法（'05）	使える数理リテラシー（'03）
政治学入門（'07）	主題科目
経済社会の考え方（'07）	表象としての日本（'04）
経済学入門（'04）	若者の科学離れを考える（'04）
21世紀の社会学（'05）	情報と社会（'06）
住まい学入門（'07）	
社会福祉入門（'04）	
社会調査（'05）	
国際経営論（'05）	
問題解決の発想と表現（'04）	
経営学入門（'07）	
グローバル経営戦略（'06）	
技術者倫理（'04）	
現代の生活問題（'07）	
統計学入門（'04）	
社会統計学（'07）	
生活とリスク（'07）	
市民と社会を考えるために（'07）	

※この一覧にある科目は、全て放送大学の放送授業で、1科目当たり2単位が充当されています。全科履修生の入学要件とされているのは、「人文、自然、社会の分野からそれぞれ1単位以上を含み、共通科目から合計16単位以上修得すること」となっています。

履修登録科目は「平均点の高いものを選べ」

放送大学の授業科目案内には、前学期と前々学期の単位認定試験の平均点が掲載されています。絶対的に信頼できるとはいいませんが、基本的には「平均点が高ければ高いほど、楽に得点できる」という意味です。高いものは九〇点以上のものもあるし、低いものは五〇点以下のものもあります。単位認定試験で六〇点以上得点すれば二単位なので、一六単位を修得するために、平均点が低い科目（＝難しい科目）をあえて選ぶ必要はありません。

平均点の出ていない科目は新設の科目ですから、難易度がわからない科目は「今回は登録見送り」としても良いでしょう。

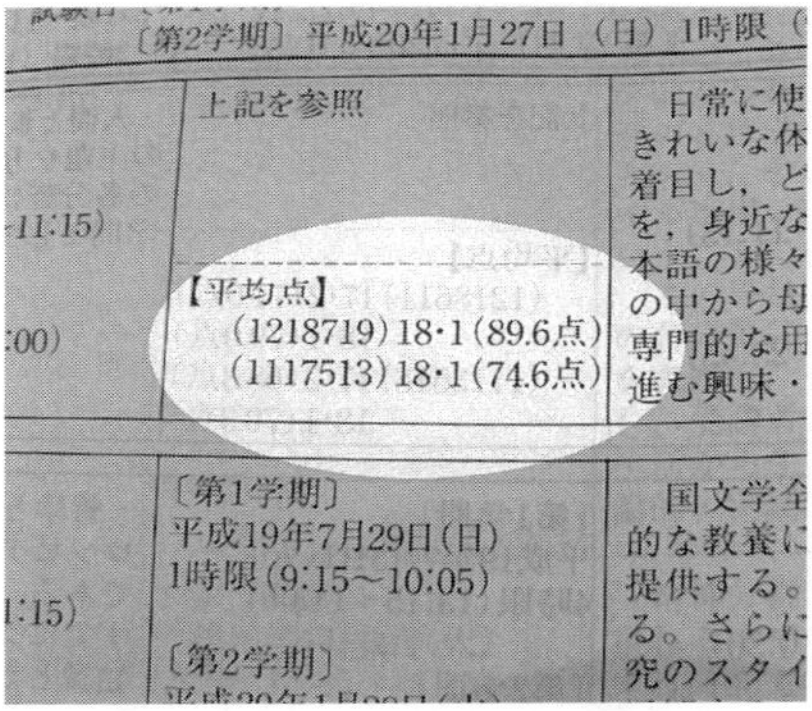
〔第2学期〕平成20年1月27日（日）1時限
上記を参照
【平均点】
（1218719）18･1（89.6点）
（1117513）18･1（74.6点）
〔第1学期〕
平成19年7月29日（日）
1時限（9:15～10:05）
〔第2学期〕

授業科目案内平成19年度より

科目登録のコツは「苦手なものは徹底的に避ける」

例えば「自然系」の中には数学があり

ます。微積分とか線型代数なんて言葉を聞くだけでもやる気が失せる人は、同じ自然系の中でも「かしこくなる患者学」とか「変化する地球環境」などの、覚えるだけで良さそうな科目を選ぶと良いと思います。

嫌いな科目を、あえて克服するのも悪くはありませんが、あなたに科せられた使命は、とにかく「所定の一六単位を取る」ということを忘れてはいけません。

好きな科目は徹底的に取る

苦手な科目とは逆に、好きな特定の科目があるのなら、その科目を重点的に履修登録しても良いでしょう。例えば、普段から書店で経営学とか起業の本を買って読んでいる人などは、「国際経営論」とか「グローバル経営戦略」、「経営学入門」なんて科目をセットで履修すると、関連する科目なので一気に勉強できて、しかも一度に六単位も修得可能です。

放送授業は無理せず、可能な範囲で視聴する

放送大学は、その名前の通り、テレビやラジオで授業を放送しています。この放送授業を「絶対に視聴しなければならない」と考えている方は多いのです

が、実は視聴しなくても、テキスト学習だけで単位は取れます。ビデオに録画して全部視聴しようなどと思うと、ビデオテープがたまってしまい、やる気が失せますので、「できるかぎり見る」という気楽さで構いません。

通信指導は切手を貼って最低限必要な記入を済ませておく

授業開始後一ヶ月後くらいには、通信指導が送られてきます。

通信教育で挫折する人に聞くと、印刷教材や通信指導が送られてきても、封を開けずに積んでおく人が実に多いのです。

「面倒くさいから後回しにしよう」と思うと、いつの間にか締め切り日がやってきて、時すでに遅しなんてことが多いのです。

勉強そのものを始める気にならなくても、通信指導が送られてきたら、切手を貼って、住所・氏名・学生番号などを記入・マークしておくべきです。

先に切手を貼っておけば、「切手代がもったいない」という気持ちになって、なんとかポストまで行く気にはなるはずです。

通信指導の投函は、デタラメにマークしてもいいから必ず締め切りまでに行う

通信指導は六月上旬や一二月上旬が締め切り（必着）です。この期日を過ぎて投函すると、開封せずに返送されてしまいます。締め切りが近づいているのに「勉強する時間がない」なんて時は、いっそのこと、問題文を読まず、解答用紙にマークしてしまうことです。すると、一問くらいは正解していると思います。

　放送大学の通信指導は、〇点でなければ（＝一点でも取れていれば）、合格となり、単位認定試験の受験資格が与えられます。

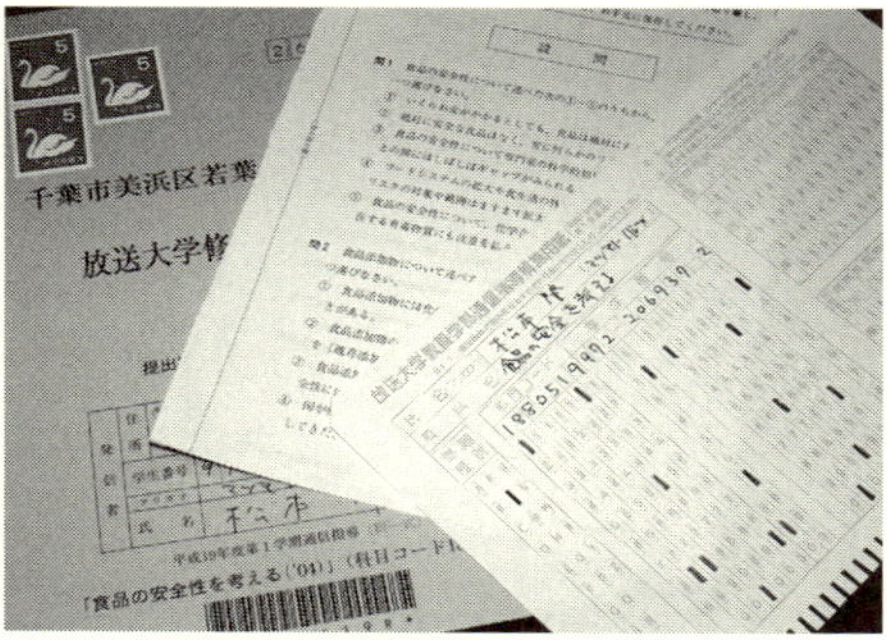

切手を貼って、必要事項は
全て記入しておく

単位認定試験の制限時間はギリギリまで使って頑張る

　試験場には時間通りに必ず行きます。前述した通り、単位認定試験は良心的な問題が多いので、一般的な常識問題や選択肢を見るだけで解ける問題が数問含まれています。科目登録時に平均点の高いものを選んでおけば、六〇点は簡単にクリアできるかもしれません。

　また、たまに出題ミスがあって、「問の一番は受験者全員正解」なんてラッキーもありますから、とにかく試験は受けましょう。

合格すれば二単位、不合格でも半年後に無料で再試験

残念なことに、単位認定試験で不合格になってしまった場合、「頑張ったのにダメだったからもうやめる」なんて思ってはいけません。不合格でも半年後の単位認定試験は無料で受験することができます。「一度ダメなものが二度目に合格するはずがない」と思う人もいるかもしれませんが、そんなことはありません。二度目に合格する人はたくさんいます。二度目の試験にも不合格なら、次は別の科目にチャレンジすればいいのです。なにしろ科目はたくさんあります。縁がなかったものとあきらめて、次の科目に行きましょう。

それでも一六単位取れないって人には究極の方法がある

放送大学はいくら楽だとか簡単だとか言っても、講義そのものは大学の教育です。平均点が高い科目を選んでも、やはり大学ですから、どうしても肌に合わないという人もいるでしょう。放送授業を視聴して、印刷教材を読んで、通信指導をいくらやってもダメなんて人には、究極の方法をお教えしましょう。

面接授業をたくさん履修すれば簡単に一六単位が取れる

放送大学には、放送授業とともに「面接授業」と呼ばれる授業形態があります。この面接授業は、他大学では「スクーリング」と呼ばれることもあり、簡単にいえば、実際に教室で授業を受けることを言います。

難関校とされる大学通信教育の面接授業は、二週間くらいの期間に授業を連続で行って、最終日に単位認定試験を受け、合格して単位が貰えるというところがほとんどです。一生懸命授業に出席しても、最後の試験に合格しなければ単位は貰えないのです。

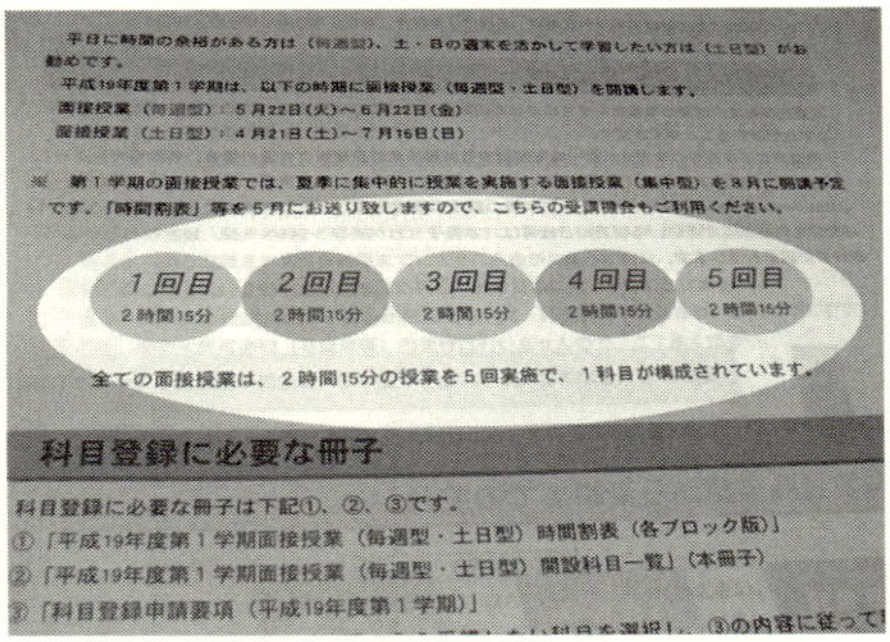

面接授業は２時間15分×５回で１単位

一方、放送大学は、二時間一五分の授業を五回受けるだけで、ほぼ全ての出席者に一単位を与えてくれるのです。現実の授業では、「四回以上の出席とレポート提出」というところがほとんどですから、「授業に出席するだけ」というのは語弊があるかもしれません。しかし、要求されるレポート課題は、担当講師にもよりますが、A4のレポート用紙一枚で良いとか、授業の感想を書いてくれとか、実に簡単なものが多いのです。

もし、あなたは放送授業（通信指導＋試験）が苦手で、一科目も合格できなかったとしても、面接授業だけを重点的に修得していけば、一六単位なんてすぐに修得できてしまうのです。面接授業の一単位は、土日型の授業であれば、最短二日で修得できますから、単純計算すると、三二日間を放送大学の学習センターで過ごせば一六単位を修得できてしまいます。ちなみに、放送大学は卒業要件の一二四単位のうち、二〇単位以上は面接授業で履修しなければなりませんから、ここで一六単位を修得したら、あとは四単位で要件を満たすことになります。

理想的な修得方法は放送授業と面接授業の併せ技

初年度、例えば最初に登録する科目は、放送授業を八科目一六単位として申請します。四月入学の方は五月頃に最初の面接授業の案内が届くので、三科目程度を履修登録申請します。最初に登録した放送授業の単位認定試験が七月の末から八月上旬に行われますので、頑張って受験します。仮に七科目一四単位に合格して一科目が不合格だったとします。

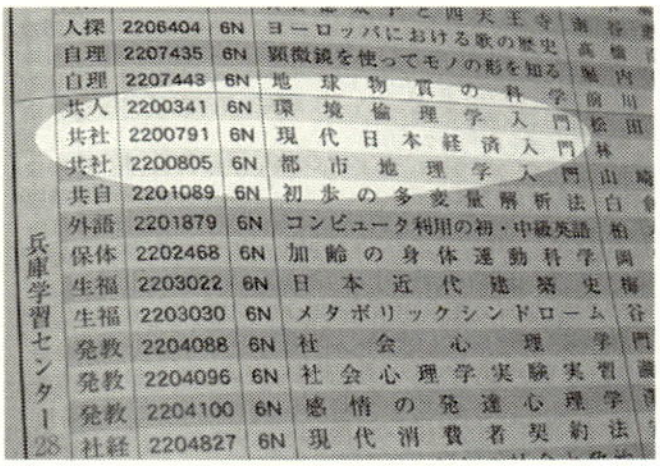

面接授業は全国の学習センターで受講できる

そして、五月に履修登録申請した面接授業は八月中旬に行われます。きちんと出席すれば、三単位を修得したことになります。そして、九月に送られてくる成績表には放送授業一四単位と、面接授業三単位の、合わせて一七単位を修得したことになります。

すると、人文・自然・社会系から一単位以上で、基幹科目と主題科目を合わせた一六単位以上を満たした時点で、全科履修生への正規の入学資格ができたことになるのです。

高卒資格を取得したことにしたいなら、すぐに放送大学の全科履修生へ入学する

放送大学の選科履修生または科目履修生で所定の一六単位を修得した時点で、放送大学の入学資格は得たことになります。だから、事実上は「高卒資格を取った」と言っても良さそうなものですが、既に述べた通り、「大学に入学した」という既成事実を作らないと、胸を張って高卒資格を取得したとは、言いにくいと思います。

この時点であなたが一八歳以上なら、とにかく放送大学へ入学してしまうのです。入学すれば、後で中退しても、放送大学は中退した旨の成績証明書を出してくれるし、「高卒以上」の求人に応募しても学歴詐称にはなりません。


放送大学入学までの最低限必要な費用を計算する

一六単位修得にかかる費用として、選科履修生の入学料が八〇〇〇円、授業料は五五〇〇円×一六単位で八万八〇〇〇円、小計で九万六〇〇〇円です。

すぐに全科履修生へ入学すると、入学料が一万六五〇〇円（割引後）と、一科目一万一〇〇〇円（入学時には必ず一科目履修登録しなければならない）の小計二万七五〇〇円です。

きっちり単位を修得したとして計算すると、一二万三五〇〇円ということになります。


一八歳未満なら、選科履修生で単位を荒稼ぎする

全科履修生に入学を希望する場合、その年の四月一日現在、満一八歳以上でなければ入学することはできません。それに満たない人は、所定の一六単位を修得したとしても、入学は許可されません。
しかし、全科履修生入学時には、所定の一六単位はもちろんのこと、他の科目（外国語・保健体育・各専攻の専門科目等）を履修していれば、その単位が全て卒業要件を満たす単位として認定されます。だから、もしあなたが全科履修生として入学するまでに、卒業要件を満たす一二四単位を修得していたら、入学後は全てが既に修得したものとして認定されるので、一八歳から二二歳の間は何もしなくても、四年後にはいきなり卒業式へ出席なんてこともあり得ます。（ただし、実際は、二年間に最低一科目を履修しないと除籍処分になるため、途中で最低一回は何らかの科目の履修登録をする必要があります）
もし、全科履修生入学時までに卒業要件を満たす一二四単位を持っていたら、この四年間は遊んでいてもいいし、資格試験を目指して勉強したり、大学院を目指したり、就職してお金を稼いでもいいのです。

パソコンは友達？　良い友達の入手法

昔のサッカー漫画に「ボールは友達」なんていうセリフがありましたが、私にしてみればパソコンはまさしく友達です。パソコン自体もそうですが、パソコンとインターネットが開いてくれる世界、そしてそこで得られる情報や知己などなど、枚挙に暇がありません。

それらの情報類を活かすも殺すも自分自身にかかってきます。

しかし、いざパソコンを入手しようと思っても、広告はそれこそ星の数ほどあり、いったいどれを信じて購入すればよいのか、必要なソフトは何がいるのか？とか、わからないことだらけですよね。

最良の方法は、パソコンについてよく知ってる（と思われる）方と一緒に買いに行くことなんですが、これがいそうでなかなか見つけられない、いたとしても日頃接点が無いので頼みづらいということも多いようです。

特修生として、あるいはその先を見据えて大学生として、最低限必要な機能をもつパソコンをできるだけ安く購入するにはどうすればよいのでしょうか。

雑誌やマンガなどの広告欄には、安売りパソコン（D社とかH社とか）がよく掲載されますが、あれは「安かろう悪かろう」の典型なので注意が必要です。全くだめな訳ではないのですが、初心者が最初に買うパソコンとしては不向きです。いくらか経験のある方向けといえばよろしいのでしょうか。

私のお薦めは、パソコン専門の量販店で、そこそこの値段のもの（デスクトップ型なら一〇万円前後のもの、ノート型でしたら一五万円前後のもの）を購入されればよいとおもいます。私自身は、デスクトップ型のパソコンは自分でパーツを買ってきて自分の予算と好みに合ったものをくみ上げる、いわゆる「自作派」なんですが、外出時などに使うノート型などは中古で買ってきてしまいます。

ただ、パソコンが初めての方は中古品の購入はおすすめできません。予期せぬエラーや動作不良がでることがあります。これは新品でも同様なんですけど、新品であればメーカーや販売店などの保証がついていますし、使い方がわからなければヘルプデスクに問い合わせすることもできます。電話だと繋がりづらいこともあるようですが、それであるからこそ、ことに有名な東芝、富士通、日本電気（NEC）とか、エプソンなどの国産モデルを購入することをお勧めしたいのです。基本的に国産パソコンであれば、ヘルプデスクなどでも日本の方が対応してくださいます。

逆に海外ブランドの日本仕様ですと、日本語は使えますが日本の方でない他国の方が対応されるので、初心者ですと意思の疎通もままならないことがありますから余計に注意が必要です。

修二君が征く——16　卒業研究でゼミ体験

卒業研究にチャレンジ

卒業研究は、4年次に受けられる、論文を制作する授業です。
修二君 卒業研究 どうする？
大変だっていうよね。でもがんばってみようかな？
いわゆる「卒業論文」です。
卒業研究 第一回授業
ワシは「日本におけるペットのいやしビジネス」を研究します
産業と技術 松本ゼミ
卒業研究は月に一回ほど集まって、研究内容を発表したり、途中経過をもちよります。
こういうタイプの授業をゼミナール形式と呼びます
ぼくは成田空港を使う人たちにアンケートをとって
どういう理由で、その航空会社のマイレージを集めているかを調べます。
私は幼児教育にかかる費用を
調べたいと思います
発達と教育 奥村ゼミ

初心者歓迎(かんげい)！

まともに小論文も書いたことがないのにA4で20枚もの文章を書くなんて…
あたままっしろ
なにから書けばいいのかわからねー！
途方(とほう)もないことだと尻込みする人も多いでしょう
実はふつうの大学生だって似たりよったり。
ちゃんとした論文なんて卒論のときが初めてだよ
SPA
へ〜 祐介君も？
みんな「論文の初心者」だということが前提(ぜんてい)で授業が行われるので大丈夫。
調査はどうやってしていくのかしら
えっと、お受験予備校の学費を…
先生が親切に指導してくれます。
卒業研究をうけると6単位もらえ、文章力もつきます。
でも、履修しなくても卒業できるので、無理しないでね

卒研の体験はアカデミック!

※メーリングリスト…メールを使った掲示板(BBS)みたいなもの。

雑談から生まれる進路

続きは196ページへ

16 これでカンペキ！　放送大学へ入学したら楽しく卒業

卒業するためには、要件を満たして一二四単位

無事に一六単位を修得して、晴れて全科履修生への入学が許可されたあなたは、この時から正規の大学生です。通信制ということで、あまり人には自慢できないかもしれませんが、学校教育法上の四年制大学に入学したのだから、ぜひ胸を張りましょう。

六つの専攻から一つを選ぶ

放送大学には学部は教養学部しかありませんが、「生活と福祉」、「発達と教育」、「社会と経済」、「産業と技術」、「人間の探求」、「自然の理解」の六つの専攻に分かれているので、入学時にはいずれか一つを選択します。

ただ、この専攻は入学後に変更することができるので、入学時は深く考えず、見た目の印象で選んでも構いません。

どんな順番でもいいから所定の一二四単位を満たす

一般の大学では、学年によって履修できる科目とできない科目があるところ

が多く、たいていの場合、一～二年生は教養科目、三～四年生は専門科目といった履修制限がありますが、放送大学については、四年次の「卒業研究」を除き、どの科目をどういう順番で履修しても構いません。この一二四単位を、どのような科目で満たすかが卒業要件です。意外とシンプルで、次の（1）と（2）を、全て満たしていることが必要です。

（1）科目の内容による卒業要件

専門科目は六四単位以上修得している（うち三六単位は自分が所属する専攻）

共通科目は三六単位以上修得している（うち外国語六単位以上、保健体育二単位以上）

（2）授業の種別による卒業要件

放送授業で九四単位以上を修得している

面接授業で二〇単位以上修得している

これをふまえて、選科履修生で一六単位を修得したあなたが、全科履修生へ入学してから、どういう道を歩むかを簡単にシミュレーションしてみたいと思います。

例えば心理学系の学習を深める場合

例えば、あなたが放送大学で心理学を中心にした学習をして、卒業を目指すとします。

すると、入学する専攻は「発達と教育」を選ぶことになります。

共通科目は外国語と保健体育が必修

あなたは選科履修生で共通科目の中から既に一六単位を修得しているので、共通科目の三六単位を満たすには差し引き二〇単位以上が必要となります。この二〇単位のうち、外国語の単位が六単位必要なので、英語基礎A、英語Ⅱ、英語中級Bを選びます。ところが、学習を初めてみると、英語基礎Aはなんとかなったものの、それ以上のレベルになると追いつきません。そこで、韓国語入門Ⅰとロシア語入門Ⅰを選び、面接授業では初級英会話を履修登録しました。英語が苦手な人は、いっそのこと他の外国語の初級を選ぶというのは正しい選択です。全く新しい言語を覚えると思うと大変な気がしますが、ほとんどの日本人にとっては今まで学習した経験が無いので、放送大学も気を遣って授業も試験もレベルは低く設定しています。したがって、単位の修得も簡単なのです。

あと、保健体育は必修ですから、これに関しては、なんとか頑張って二単位を修得するしかありませんが、面接授業などで開設される科目や体育実技もあるので、苦手な人は狙い目かもしれません。

残りの共通科目は似た科目を短期間で履修する

例えば、平成一九年度開設科目で心理学系なら、心理学入門、心の科学、認知心理学概論、精神分析入門、こころとからだ、発達と教育の心理学的基盤などがありますので、なるべくこれらを一学期間で履修します。同じような時期に、似た科目を複数学習すると、一つの科目で学習した知識や経験が別の科目に流用できるため、合理的に単位を修得することができます。しかも、その分野を深く学習するチャンスでもあるので、この分野のスペシャリストとなる足掛かりとなるかもしれません。

専門科目は、とにかく所属専攻の科目を取りまくる

放送大学は、実は心理学系の科目が非常に多いのが特徴です。平成一九年度開設科目だけでも、心理学系と思われる専門科目は二〇科目近くあって、これらを全て修得するだけで四〇単位くらいは簡単に修得することができます。すると、規定の三六単位は十分に満たせます。あとは、他の専攻の科目で興味のあるものや、面接授業などで積み重ねていけば、専門科目の六四単位は、それほど遠い道のりではありません。

科目の履修登録のやり方ひとつで効率よく単位が修得できる

履修登録時、前学期・前々学期の平均点を調べて履修登録するという方法は既にお伝えしましたが、この他にも合理的に単位を修得する方法があります。

放送大学の放送授業は、履修登録時には単位認定試験の時間割が決まっています。

もし、あなたの履修登録した科目が、ある年の八月一日に行われる試験の一時限目と三時限目にスケジュールが入っていたとしたら、間の二時限目は空き時間となってしまいます。せっかく学習センターへ行って試験を受けるのであ

れば、この二時限目にも履修登録をして、単位を稼いでおくべきです。

　これといってあなたの興味のある科目が開設されていなかったとしても、放送大学の卒業に必要な一二四単位のうち、必修とされているのは専門科目が六四単位、共通科目は三六単位で、残りの二四単位は何を履修しても構わないのですから、空き時間に開設されている、簡単そうな科目を履修登録しておくのも一つの方法です。

卒業研究（卒論）は余裕があればやる、無理ならやらない

放送大学は、四年次の四月から一二月ごろにかけて、卒業研究という名の科目を開講しています。これはいわゆる卒業論文の制作で、何冊もの文献を読み、調査や情報を収集して二〇ページほどの論文を仕上げるという授業です。

　卒業研究は、月に一回程度集まり、少人数制の授業を行います。研究発表をしたり、途中ま

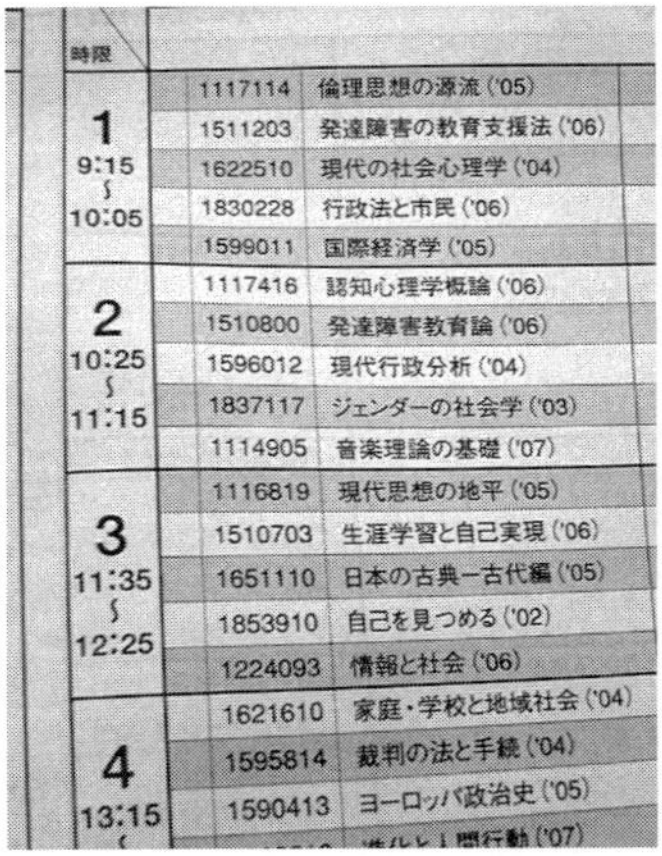

時限		
1 9:15〜10:05	1117114	倫理思想の源流('05)
	1511203	発達障害の教育支援法('06)
	1622510	現代の社会心理学('04)
	1830228	行政法と市民('06)
	1599011	国際経済学('05)
2 10:25〜11:15	1117416	認知心理学概論('06)
	1510800	発達障害教育論('06)
	1596012	現代行政分析('04)
	1837117	ジェンダーの社会学('03)
	1114905	音楽理論の基礎('07)
3 11:35〜12:25	1116819	現代思想の地平('05)
	1510703	生涯学習と自己実現('06)
	1651110	日本の古典ー古代編('05)
	1853910	自己を見つめる('02)
	1224093	情報と社会('06)
4 13:15〜	1621610	家庭・学校と地域社会('04)
	1595814	裁判の法と手続('04)
	1590413	ヨーロッパ政治史('05)
	[illegible]	進化と人間行動('07)

単位認定試験は1日8時限、1時限に複数の試験が割り当てられている

で制作した文章を持参したり、教授のアドバイスを受ける授業です。一般の大学ではゼミナール形式ともいいます。この卒業研究は、今までのようなマークシートに解答して合理的に単位を取るというものと違い、かなり本格的に学習して、論文を作成する作業です。

履修が許可され、卒業研究を提出し、合格すると六単位が認定され、このうち三単位が放送授業、残りの三単位は面接授業としてカウントされます。

私も今まで二回経験したことがありますが、時間も手間もかかるので、かなり大変な印象がありますから、一定の分量の文章を書いたことの無い人にとっては苦痛かもしれません。六単位を貰うためと考えると、決して割の良い作業とはいえません。

しかし、放送大学では学生同士が数ヶ月に渡って付き合うという経験がほとんどありませんから、卒業研究は友達や思い出を作る、数少ない貴重な学習経験となります。余裕があれば挑戦してみると面白いと思います。もちろん、必修ではありませんので、単に放送大学を卒業するだけで十分な人は、無理しない方がいいでしょう。

卒業すると公式にも国際的にも通用する「学士」になる

放送大学の全科履修生に入学し、四年間在学し、卒業要件を満たす所定の一二四単位を修得すると、いよいよ卒業です。

卒業すると「学士」という学位が与えられ、専攻名は「教養」となります。

通常、学位名は、「学士（教養・放送大学）」と表記します。以前は「教養学士」という表記をしましたが、平成三年から改められました。

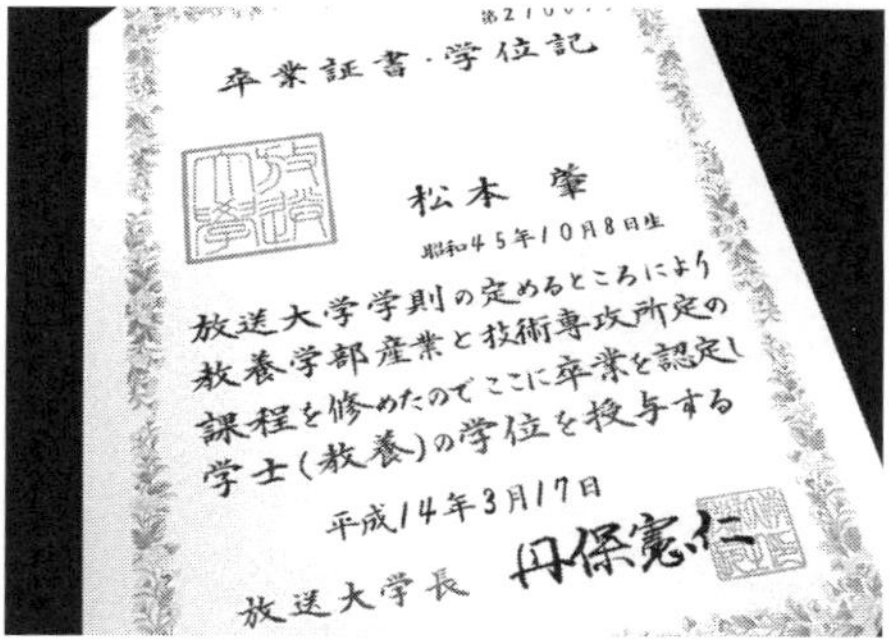

放送大学を卒業すると学位記が授与される

放送大学の場合、一般の大学に見られる「就職課」といった卒業生の就職先を斡旋してくれる機能がありません。働きながら学習する者とか中高年を対象にした大学だからということもあります。ただし、就職課が無くても、大学卒業と同時に、求人雑誌や求人票の「大卒以上」を閲覧することができるのですから、今後はかなり有利な就職活動ができるはずです。

特修生から学士までの総費用

選科履修生で入学し、順当に単位を修得し、きっちり一二四単位を修得したとすると、入学料は八〇〇〇円＋一万六五〇〇円＝二万四五〇〇円。授業料は五五〇〇円×一二四単位＝六八万二〇〇〇円。合計で七〇万六五〇〇円となります。

単純にコストだけを考えると、都立高校を卒業するのに必要な費用が三年間で四〇万円、その後一般的な私立大学へ進学すると四年間で四〇〇万円です。合計するとおよそ四四〇万円という金額になりますから、五分の一に節約したことになります。つまり、あなた自身が、アルバイトしながらでも、十分に払っていける金額なのです。

もちろん大学進学は、知名度や学習内容など、様々な条件を十分に検討して決定するものですから、費用だけで単純比較することはおすすめしません。

第7章　大学の現実・大学のいろいろ

大学のランクなんて、関係なくない？

新卒採用はチャンス

……なんていっても、放送大学じゃな〜 ロクな就職できないんだろうな〜
あ
「JANA」って あの航空会社 …の関連会社
JANAエアサービス
一般
資格：大卒
技術
「新卒採用」は、新たに学校を卒業する人たちに与えられた…
スーツ着るの初めて〜
数少ない採用機会です。
「新卒」は全員が未経験者なので…
名刺の出し方は…
「一から教えてもらえる」という貴重な体験ができます。
☆こういうビジネスマナーは、中途採用・ハケンの場合「すでにできている」とされるのが前提です。

ダメでモトモト

企業は色々な基準で学生を集めます。
大学ならどこでもOK 通信でも 二部でも こだわりません
国大・有名校のみ
偏差値50以上の四大のみ
⇧実際、こういう会社も多いです。
企業の中には筆記試験を行うところもあります。
これでは確かに上級の大学が有利ですが、大学を出なければ、スタートラインにさえ並べません。
こうした試験に対応した予備校もあります。
•普通の勉強…苦手だし
•他人との競争…ムリ
•今から勉強…間に合わん
オレには無理かな… だって入試なんてやってないし 高校の勉強だってしてないし…
でも5〜6社受ければどこかひっかかるかもしれないし
☆
カチッ
えーい 応募しちゃえ

続きは206ページへ

17 大卒者、三〇過ぎればみな同じ

一流大学を出て一流企業へ就職するだけが人生か？

有名・一流大学でなければ一生損をするって本当？

私は昔から、学校名に関する、様々な噂を耳にしてきました。みなさんも似たようなことを聞いたことがあると思います。

> 大学は国公立大学へ行くべきで、どうせなら旧帝国大学を目指すべき。私立は関東なら早稲田・慶應・上智、関西は関西学院・立命館・関西・同志社じゃなければ使い物にならない。無名大学は就職も不利だし、昇進もできない。

確かにそういう側面はあります。私が卒業した神奈川大学は、神奈川県内の私立大学としては、まぁまぁの知名度を誇っていますが、早稲田や慶應などの有名私大と比較すると、就職できる企業のランクや、国家公務員Ⅰ種試験の合格者数などはまるで違います。

『危ない大学・消える大学』や、『就職でトクする大学・損する大学ランキング』（エール出版社）などの著書で知られる島野清志氏によると、偏差値が上位で、歴史の古い大学でなければ就職やその後の昇進に響くから、低いランクの大学へは行くなと力説しています。ブランド校神話は確かに存在するので、否定はできません。

だから、まだ大学へ行きもしないのにこういうことを言う人がいます。

そんな無名の大学へ行ってどうするの？
三流・四流大学卒じゃ、就職や昇進でかなり不利だよ。
通信制の大学なんて、入試が無くてバカでも入れるから社会じゃ通用しないよ。

これを親や教師、友人たちから言われたら、確かにそんな気がしてきます。入試を経験しないことが恥ずかしい選択にも思えてしまいます。

まして、本書で紹介した「特修生」なんてインチキくさい方法で高卒資格を取得することや、その後通信制の大学を出たことを、社会が大卒として認めてくれるはずがない。そんな心配もありますね。

有名大学がもてはやされる本当の理由

例えば東京大学。この大学はなぜ一流大学とされるのでしょうか。いくつか理由があります。

東京大学は旧帝国大学一期校と呼ばれ、国を動かすエリートを養成するために設立された大学です。すると当然、卒業生は高級官僚や有力企業の経営者が多くなり、「東大へ行けば高級官僚や有力会社の社長に自動的になれるのだ」という印象を受けます。

優秀な卒業生が多いから優秀な入学者が集まる。だから東大の学生というだけで日本最高峰の頭脳を持っている者と思われて、もてはやされる。そして東大へ入れる頭脳を持つ者は、仕事でも優秀なので、やはり東大は優秀だということになる。単純明快な図式です。

例えると、プロ野球選手になるなら地元の公立高校へ進学するよりも、甲子園出場経験のある有力な野球部を持つ私立高校へ行く方が良いというようなものです。

つまり、聞いたこともない地方の無名大学や、誰もが簡単に行ける通信制大学などへ行っても無駄だという意見になってしまうのです。

エリートを目指す人生と自分の役割を果たす人生

書店の高校参考書コーナーの棚を観察してみると、「偏差値三〇から有名大学へ進学する」とか、「高校中退者が東大理Ⅲに合格する」など、高校生に夢を与える本が実に多く販売されています。実は私もこの手の本が大好きで、最近では『ドラゴン桜』(三田紀房著、講談社)を全巻揃えて読んでいるくらいです。

しかし、日本全国の若者が、こぞって一流大学を目指す必要があるのでしょうか。一流大学を目指して本当に進学できる人が一〇〇人に五人いたとすれば、あとの九五人はどういう人生を送ればよいのでしょうか。それでも浪人して一流大学を目指すべきなのでしょうか。

一流を目指すことも大切ですが、二番手、三番手でしっかり仕事をこなす人々も、実は社会にとっては必要な人材だということを忘れてはいけません。

本書を読まれているあなたもまた、一発逆転を狙って一流大学を目指して人の上に立ちたいと思っている方も多いかもしれません。しかし、現実の社会は「人の上に立つ」という表現そのものがおかしいのです。

野球であればエース投手や四番打者、サッカーなら司令塔とかエースストライカーと呼ばれる選手が花形なので、みなそれを目指したがります。しかし、野球は九人、サッカーは一一人でやるスポーツで、他の選手がいなければ試合を始めることもできません。また、主要な選手がケガをした時に頼れる控え選手も必要ですし、チーム運営者・スタジアム管理者・報道関係者など、関連する業界関係者を無視しては、当の一流選手が働く場も確保できません。つまり、様々なポジションに就く様々な役割の人たちがいてこそ社会が成り立つのです。人の上とか下という考え方そのものがおかしいのです。

大卒だろうが高卒だろうが、三〇歳を過ぎたらみな同じ

私は小さな会社を一〇年以上経営しています。これまでに、私は何人かの従業員を雇い入れましたが、学歴というものは全くあてにならないことを、幾度となく痛感しました。

中堅の私立大学を卒業後、大手損害保険会社勤務を経て私の下で働いた男は、典型的な「口先男」で、理屈っぽいだけで仕事の能力は低く、他の従業員にサポートされてばかりで、給料が少ないことを理由にして退職しました。その後、彼はフリーターをしています。

次に、専門学校卒の女性は、勤務時間の大半をインターネット掲示板の書き

込みに費やしてサボり、与えられた仕事をきちんとできかったので解雇しました。

一方で、高卒の男性一人、高卒の女性二人、短大卒の女性二人は仕事も早くて正確で、暇ができると別の仕事を探すなど勤勉で、実によく働いてくれました。私の知っているケースだけでも、学歴と仕事の能力は、直接的には関係がないのです。

人を雇用する企業にしてみれば、採用後に従業員のことを評価する場合、採用当時の最終学歴よりも、勤勉かどうか、問題解決能力があるか否か、協調性があるか否か、部下の力を引き出す指導力があるか否かなど、様々な要素をもとにして比較します。

こう考えてみると、企業は「出身大学が有名か無名か」よりも、「本人の能力が優秀かそうでないか」で判断することがわかります。企業は、利益を上げることを目的としているので、収益性の低い人は雇いたくないし、昇進させたくもないのです。つまり、「失敗した部下をどなるばかり→営業成績が下降」という有名大学出身者よりも、「温厚な人柄で部下の失敗をフォロー→営業成績が好調」という無名私立大学出身者の方が昇進しやすいのです。経営者であれば、誰もが同じ判断を行います。これは経営者や人事担当者を経験しないと、なかなかわからないことかもしれません。

企業の本来の目的は利益を上げることです。大学名よりも、より優秀な能力を持って収益性の高い人の方が尊ばれるのです。そして、三〇歳を過ぎると、大学を出ているか否か、高卒か否かというよりも、仕事ができるかどうかで判断されていくのです。つまり、三〇過ぎればみな同じともいえます。


それでも大学を出ておく理由は「公にならない求人がある」から

既に述べた通り、私は個人的には「仕事ができれば学歴は関係ない」と思っています。

しかし、現実の就職状況を見れば、中卒・高校中退者はもとより、高校卒業者よりも大卒者の方に有利な求人が多いのです。

ご存じの方も多いと思いますが、大学生は大学三年生から四年生にかけて、就職活動を行います。こうした就職活動は、大学の就職課などに寄せられる企業からの求人や、求人を専門に扱う会社などが行う企業説明会などに出席して人事担当者と会ったり、試験を受けたりして内定を貰います。

こうした求人は、「新卒採用」といって、短大・専門学校・大学を卒業してすぐに採用される若者に向けて行われるものですから、書店やコンビニエンスストアで売られている求人誌では得られない情報ばかりです。

近年は、インターネットの普及により、ホームページ上で求人情報を公開する企業も多いのですが、誰もが見られる情報ではありません。大学の三年生や四年生が登録して、初めて閲覧できる求人情報も実に多いのです。この「大学」とは、別に有名大学である必要はありません。地方の無名大学だろうが、放送大学であっても構わないのです。

リクナビ　http://rikunabi.com/

この新卒採用は、人生の前半部分、つまり二五歳くらいまでの新規卒業者でなければまず経験できません。中卒・高校中退者のままでは一生経験できない就職活動体験なので、チャンスがあれば挑戦してみるべきです。

windows…・
世界の窓から
パリでも
ニューヨークでも
オーストラリアでも
インターネットがあれば卒業できる。

パソコンだけで卒業可
ひきこもっていてもOK
FMV
横浜のキャンパスに行ってもOK
インターネットの授業と同じ画面
教育カウン
・幼児のカ
・ひきこもり
・児童のカウ
テーマ：どう対
次回までの
NEC
レポート課題は1600字程度なので…
FMV
やったーレポートおわった!
卒業時にはかなりの文章力がついてるハズ!
FMV

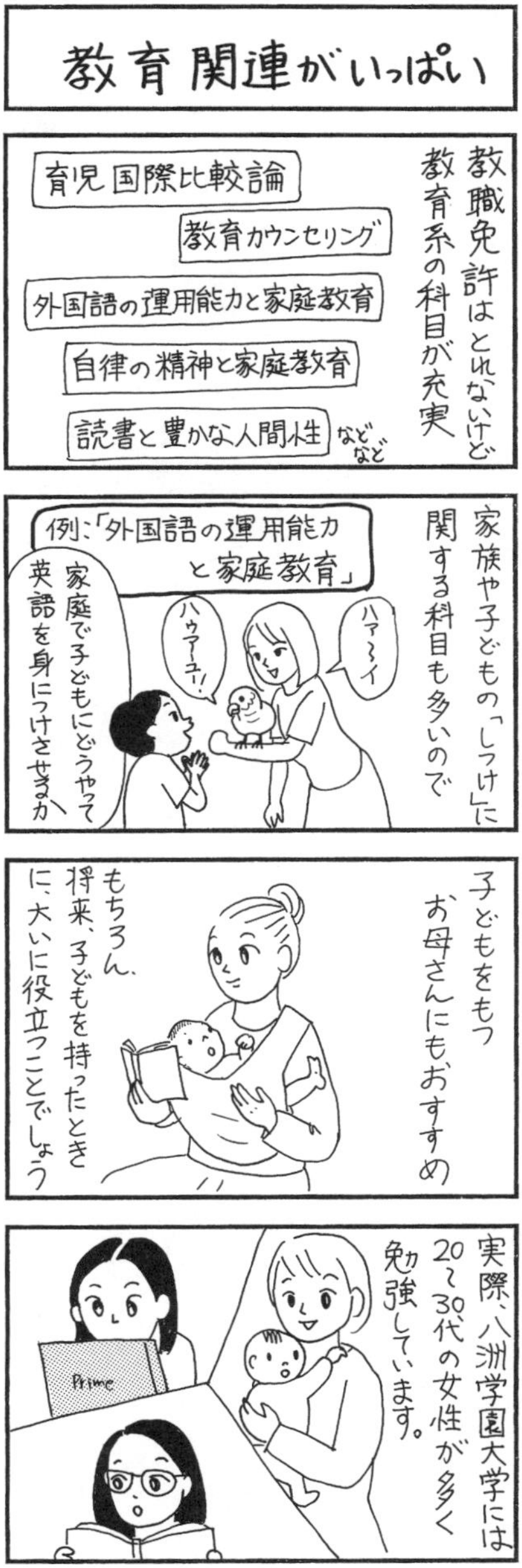
教育関連がいっぱい
教職免許はとれないけど教育系の科目が充実
育児国際比較論
教育カウンセリング
外国語の運用能力と家庭教育
自律の精神と家庭教育
読書と豊かな人間性
などなど
家族や子どもの「しつけ」に関する科目も多いので
例:「外国語の運用能力と家庭教育」
家庭で子どもにどうやって英語を身につけさせるか
ハウアーユー!
ハア〜イ
子どもをもつお母さんにもおすすめ
もちろん、将来、子どもを持ったときに、大いに役立つことでしょう
実際、八洲学園大学には20〜30代の女性が多く勉強しています。
Prime

特修生用の科目で自分再発見
特修生の10科目は、まさに教育や青少年の心理や家族関係なので
例:「中学生《きれる》の要因分析」
子ども自身の要因
家庭の要因
学校の要因
社会的要因
キレる原因を、学問として考えていきます。
いじめや不登校などの経験がある人には
自分を再確認再認識するチャンス!
そうだったのか…
・いじめを誘発しやすい環境
・いじめる生徒の心理的背景
・カウンセリング手法
…etc
心理や教育を学ぶことで、人との関わり方やものの考え方も大きく変わることでしょう。
もう人をコワイと思わなくなった
ポジティブ! 人づき合いもスムーズに!
それでねー

続きは214ページへ

18 特修生のある大学の選び方1――八洲学園大学の場合

日本初のインターネット大学だから遠隔地でも登校不要

全ての学生の義務「パソコンの購入」、「インターネット常時接続」

八洲学園（やしまがくえん）大学は、平成一六年四月から学生を募集した通信教育の課程のみを置く四年制大学です。

卒業に必要な全ての単位をインターネットだけで履修できます。したがって、インターネットに常時接続できる環境にあり、一定のスペックのパソコンを持っていれば、離島であろうと、海外であろうと、場所を問わずに卒業が可能です。卒業すると、学士（学術）の学位が授与されます。

学習方法はテキスト履修とスクーリング履修があります。このうちスクーリング履修については、リアルタイムで授業が配信されるため、なるべく高スペックなパソコン・高速回線・有線ＬＡＮ接続（無線ＬＡＮは不安定になりやすい）など、一定の環境を整える必要があります。

テキスト履修は「課題方式」と「論文方式」があり、いずれもレポート・論文が必須

八洲学園大学のテキスト履修は、基本的には「課題方式」で行われます。テキストを熟読し、担当教員が指示する課題にしたがって、レポート一単位あたり一回（一六〇〇字程度）のレポートを作成します。二単位科目であれば二回提出します。その後に科目修得試験に合格すれば合格となります。これらのレポート提出方法は、入力フォームへの入力（エディタなどに入力してコピー・ペースト）によって行います。試験の方法については、担当教員によって異なりますが、全てインターネット上で完結します。

八洲学園大学ホームページ

もう一つの「論文方式」は、履修登録の際に事前に登録することで、一単位当たり二〇〇〇字の論文を作成しま

す。二単位科目であれば二回提出し、試験は行わずにこの論文のみを評価の対象とします。

スクーリング履修は教室に行っても良し、自宅でストリーミング配信を見ても良し

八洲学園大学が誇るスクーリング履修は、毎週決められた時間帯や夏期の集中した時期に、神奈川県横浜市の大学本部の教室で授業が行われ、その授業の様子がインターネットに配信されます。

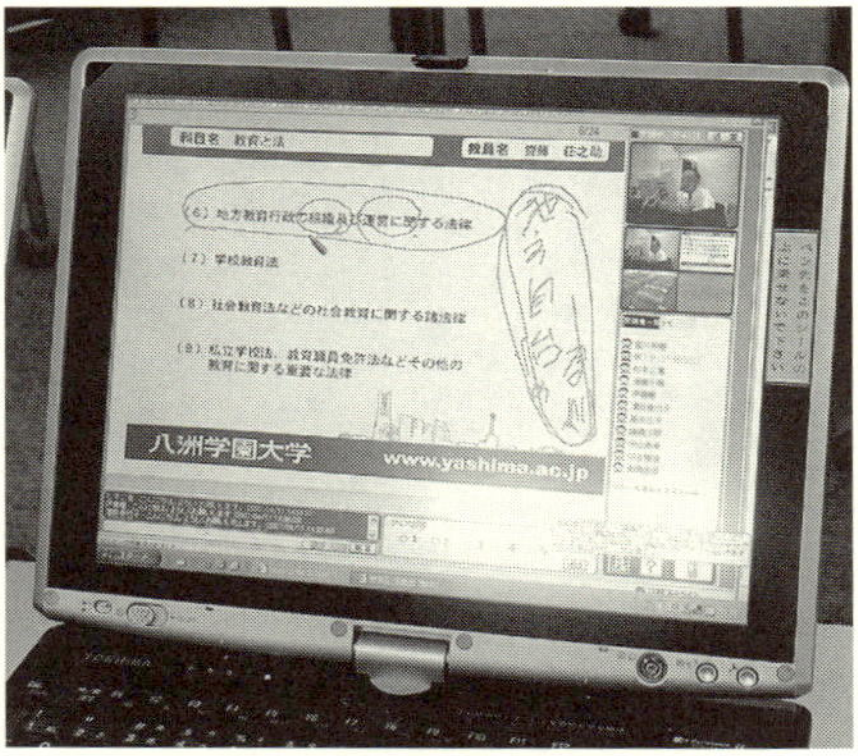

インターネットで配信される授業

ライブカメラの前に教員が座り、板書の代わりにパワーポイントを使って解説するといった具合です。教室内にいる学生は、目の前にいる教員の生の講義を聞くことができます。また、インターネットで視聴している学生は、質問があればチャット機能を使って発言・質問することができます。

この授業に八割以上出席し、教員の科す試験や課題に合格すると、所定の単

18特修生のある大学の選び方1—八洲学園大学の場合

履修区分	科目名	単位数
テキスト	保育園・幼稚園教育と家庭教育概論	2
	小学校道徳教育と家庭教育	2
	中学校教育と家庭教育概論	2
スクーリング	乳幼児のしつけ（演習）	2
	ケーススタディ1（演習）「幼児の体罰と虐待」	2
	ケーススタディ5（演習）「中学生〈きれる〉の要因分析」	2
	文学に表れた家庭・家族1（演習）（日本）	2
	発達特性と習慣形成（演習）	2
	善悪意識の育成（演習）	2
	親子の信頼関係	2

位が与えられます。

特修生は一〇科目中八科目以上修得で正科生への入学が許可される

八洲学園大学の開設科目は、他大学に見られる分類とは少し違うため、「八洲学園大学特修生規定」という学則を定めて、具体的に科目名を設定しています。

この規定によれば、特修生として入学し、上記の一〇科目のうち、八科目以上（一六単位以上）修得すれば、入学を許可されます。いずれも一科目二単位です。

八洲学園大学は心理学・教育関係科目が充実

八洲学園大学は、生涯学習学部のみを有し、ここに家庭教育と、人間開発教育の二

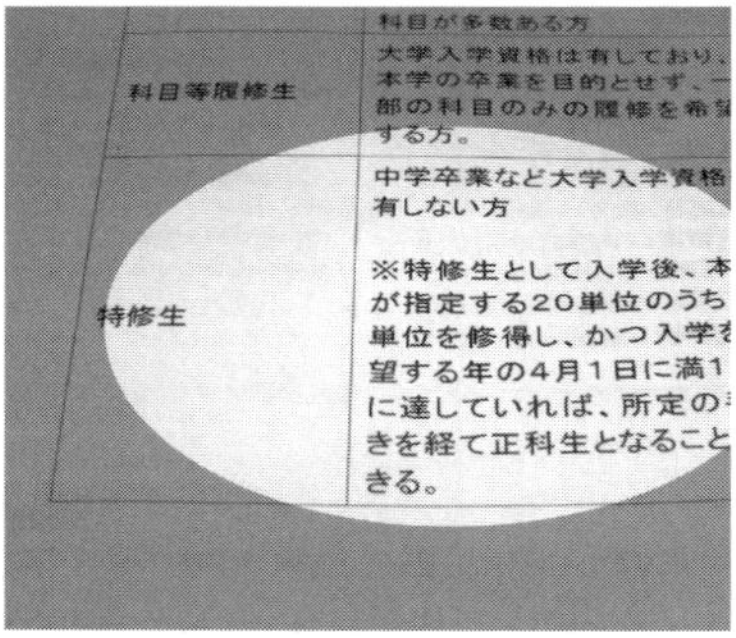

	科目が多数ある方
科目等履修生	大学入学資格は有しており、本学の卒業を目的とせず、一部の科目のみの履修を希望する方。
特修生	中学卒業など大学入学資格を有しない方 ※特修生として入学後、本学が指定する20単位のうち単位を修得し、かつ入学を望する年の4月1日に満1に達していれば、所定のきを経て正科生となることきる。

八洲学園大学　学習がイド・応募要項（平成19年度春学期生）より

つの課程を有しています。いわゆる一般の教職課程は有していませんが、おおむね教育・心理学・カウンセラーなど、教育全般に関わる科目が充実しています。

開学間もない大学であることから、知名度は低いものの、インターネットのみで学士に必要な全ての単位が取れる初の大学として誕生したこと、教材開発費や設備投資に多額の資金を投入しているのに学費が安いことなど、評価は高いといえます。

一方で、八洲学園大学へ入学するためには、学生側にも設備投資が必要です。主にパソコンや関連ソフト一式、学生でいる間のインターネット接続料などです。インターネットに慣れていることが入学の前提ともいえるので、普段からインターネットを扱える環境にいることが、成功への近道です。

特修生から卒業にかかる費用

特修生に一年間在学して一六単位修得すると仮定すると、登録料（二万円）、授業料（五〇〇〇円×一六単位＝八万円）、ＩＴ管理料（二万四〇〇〇円）、スクーリング受講料（七五〇〇円×一四単位＝一〇万五〇〇〇円）と、およそ二三万円となります。このほか、テキストを別途購入しなければなりません。もし、このまま正科生に入学して四年間で卒業するなら、特修生の費用も含めて一三〇万円程度と思われます。これは履修する科目によってばらつきがありますので、実際には二〇万円程度の誤差があります。

福祉業界は成長産業
日本福祉大学は
その名の通り福祉系の大学
なにしろ今の日本は
少子高齢化です。
福祉業界は
ビジネスチャンスだから
訪問介護サービス
デイサービス
介護プラン作成
老人ホーム
グループホーム
これからますます
求人が多くなります。
就職説明会
介護
就職にとっても有利!
通信制なのに国家資格(こっかしかく)がとれる
そんな状況の中で
国家資格が
精神的に苦しんでいる人たちの生活支援を行います。精神科や保護観察所、その他企業や自治体で活動!
精神保健福祉士
実際の介護よりも相談業務が主な仕事。高齢者施設の他に児童相談所や養護施設でも活躍中!
社会福祉士
通信教育で取得できるのは大きなメリットです。
IBM
しかも日本福祉大学は
通学課程の偏差値が
それなりに高いので
福祉界の名門校
ネームバリューも
悪くありません。
まあ!日本福祉大優秀なのね
いえ、そんなこと…
履歴書

パソコンがあれば

国家資格を目的とする場合は、スクーリングとか
スクーリングは全国で開催されてます
実習などが必須ですが
ほとんどの科目はインターネットに接続したパソコンで学習できて
生活環境のユニバーサルデザイン
7原則
1.
2.
3.
4.
ほとんどの科目は択一式の試験を自宅で受験して単位がもらえます。
え〜っと
問15.
下記の中から
1つ選びなさい
テキスト
IBM

一気に学習できるかも?

特修生で開設されている科目は全てテキスト学習なので、自宅のパソコンからインターネットで課題をこなします。
全部自宅で完結!
試験は年4回。これも自宅のパソコンから解答。
時間制限があるから予習しておいてね!
1時間の時間制限の中でアンケート形式のような試験を受けます。
IBM
東京都在住のIさんはわずか2年で120単位修得できたそうです。
子育てしながらですが、なんとかがんばりました
専門学校へ行くと、かなりの学費が必要ですが
バイトしながら自分で学費出します
国家資格付きで100万円ぐらいなら、お得かもしれません。

◀続きは224ページへ

19 特修生のある大学の選び方2―日本福祉大学の場合

福祉系の資格が取れるから就職に有利

日本福祉大学は、昭和二八年に創設された中部社会事業短期大学が前身の四年制大学です。

通信教育部については、平成一三年から学生を募集し、キャンパスは愛知県の美浜町にあります。

社会福祉士・精神保険福祉士の国家試験受験資格が取得できる

日本福祉大学の特徴は、社会福祉士や精神保険福祉士の国家試験受験資格が得られるところにあります。この二つの資格は、短大や専門学校などの養成施設で受験資格を得ることも可能ですが、一年ないし二年の実務経験が必要です。一方、日本福祉大学のように四年制大学を卒業すると、実務経験を経ずに受験資格を得ることができます。

いずれも国家試験ですので、通信教育で受験資格が得られるのは大きなメリットです。また、資格を有することで、当該分野での就職も有利になるはずです。卒業して授与される学位は学士（福祉経営学）です。

受講の形態は四種類

日本福祉大学は、テキスト教材を使う従来型の「テキスト学習」、CD－ROMとテキストを併用する「CD－ROM学習」、インターネットにつながったパソコンを使って好きな時間に画像・動画・音声などを組み合わせた「オンデマンド学習」、そして全国各地で実際に教員と対面して行う「スクーリング学習」の四つがあります。

テキスト、CD－ROM、オンデマンドはいずれもスペックを満たしたコンピュータが必要で、添削課題や科目修了試験も全てインターネット上で行います。

日本福祉大学ホームページ

CD－ROMは半分、オンデマンドは全てがスクーリング単位として認定

日本福祉大学は、卒業要件として必要な一二四単位のうち三〇単位をスクーリング学習（面接授業）で修得しなければ

なりません。CD－ROM学習で修得した単位はその半分、オンデマンド学習で修得した単位は全てがスクーリング学習によるものとして認定されます。しかし、CD－ROMとオンデマンドは、開設科目が少ないため、それだけで三〇単位を満たすことはできませんから、一年次から入学した場合は、スクーリング学習は必須となります。スクーリング学習は、二日間の出席で二単位を修得することができます。

特修生用の開設科目は全てテキスト学習で一四科目

日本福祉大学の特修生は、入学を希望する年の四月一日現在、一八歳以上であることが入学資格となっています。特修生として一年以上在学し、大学が指定する科目から、社会・人文・自然の各分野から最低一科目を履修し、合計で一六単位以上となった場合に、正科生一年次への入学が認められます。特修生が受講できる科目は左記の一四科目で、合計すると四六単位ありますから、このうち一六単位修得するというのは、さほど難しいことではありません。

しかし、「各分野から一科目以上」という条件がついていますから、得意・不得意があると、この要件を満たすのが難しいかもしれません。何しろ「人文」は三科目のうち一科目、「自然」は二科目のうち一科目ですから、これらを落としてしまうと、「社会」の分野でいくら単位を満たしても特修生の要件を満たさないことになるのです。
ただし、実際に日本福祉大学で単位を修得した人に聞くと、添削課題はインターネットで二四時間いつでも解答できるし、テキストを読みながらパソコンに向かい、アンケートのような形式でクリック・送信という簡単な作業で、試験についても添削課題をしっかりやっていれば同じような形式だから楽に合格できるという意見が多いようです。もちろん、一定のパソコン操作技術が必要ですから、必要な能力は事前に養っておくと良いでしょう。

19特修生のある大学の選び方2ー日本福祉大学の場合

分野	科目名	単位数
社会	経営学	4
	経済学	4
	会計学	4
	開発学概論	4
	法学	4
	社会福祉学	4
	民法	4
	社会学	2
	簿記	2
人文	日本史	4
	心理学	2
	英語コミュニケーション	2
自然	医学概論	4
	生物学	2

テキスト学習の試験は、あらかじめ定められた試験時間割に従って、一回六〇分の時間制限で行います。春・夏・秋・冬の所定の試験日から自分の学習進度にあわせて試験日を選択して申し込みます。

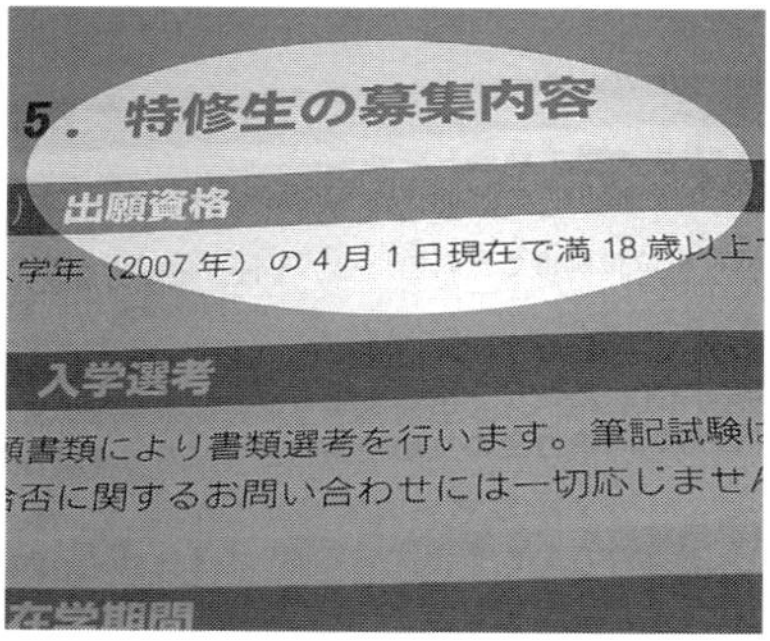
5. 特修生の募集内容
出願資格
学年（2007年）の4月1日現在で満18歳以上
入学選考
願書類により書類選考を行います。筆記試験は
合否に関するお問い合わせには一切応じません

日本福祉大学　平成19年度募集要項より

日本福祉大学の最大のメリットはその名前にある

この大学は、通学課程があることと、その通学課程の偏差値が社会福祉学部は六〇を超え、福祉経営学部は五五程度と高いことです。しかも「日本福祉大学」という名称は、日本を代表する福祉系の大学といった、そのものズバリのイメージを持っています。

中堅私立大学としては、偏差値も名称も十分で、しかも福祉系の国家試験受験資格も得られる点は極めて有効です。

通信制で、そのほとんどの授業をインターネットで修得することができる一方で、卒業後は人事担当者に与える履歴書のインパクトは計り知れないので、おすすめです。

特修生から卒業にかかる費用

特修生に一年間在学して一六単位修得すると仮定すると、入学選考料と入学金（二万円）、授業料（五三〇〇円×一六単位＝八万四八〇〇円）で、およそ一五万円です。その後、正科生一年次に入学して四年で卒業すると、特修生の費用、社会福祉士や精神保健福祉士に必要な単位やスクーリング受講料や実習関連費用を含めておよそ九八万円程度という試算になります。特修生の一年間を含めた合計五年間の費用は約一〇〇万円です。

パソコンは買ったけど、他に必要なものは?

パソコンだけでは何もできません。ワープロや表計算、お絵かき、年賀状などの作成、音楽を楽しむ、インターネットに接続する…何をするにもソフトウェアが必要なのはご存じだと思います。パソコンだけでは何の役割も果たしません。せいぜい高価なオブジェにしかなりません。もったいないですよね。

ソフトウェアのいくつかは、購入の際、最初から付属・導入されているものもありますので、既にパソコンにインストールされているタイプを選ぶのもよいのかもしれません。

最低限必要なソフトは、マイクロソフト社のワード(Microsoft WORD)というソフトと、インターネットに接続しますので、接続に必要なソフト(インターネットエクスプローラー:Internet Explorer、アウトルックエクスプレス:Outlook Express)など。これはだいたいどんなパソコンでも買うと、Windowsというソフトに最初からついてきますので別に求める必要はありません。他にコンピュータウイルスなどに感染するのを防ぐためのセキュリティ対策ソフト(ノートンインターネットセキュリティー、トレンドマイクロ社のウイルスバスターなど。私のお薦めは「セキュリティゼロ」という製品です。安くて重宝します)が必須でしょうか。あとはたくさんのデータを一括で処理する際に、表計算ソフト(マイクロソフト社のエクセル:Microsoft Excelが有名)、書いたレポートや論文を発表する時などに活躍するプレゼンテーションソフト(同パワーポイント:Microsoft Power point)などがあればなお良いです。

パソコンを購入する際、一緒にプリンターやスキャナー、デジタルカメラなどをセットで購入することも多いようですが、そんな時はPDFソフト(アドビ社のアクロバット:「アクロバットリーダー」という読み取り専用のものもあるので注意。リーダーは無料)があれば申し分ないのですが、これはかなり高額なので、ソースネクスト社から販売されている「いきなりPDF」なんていうソフトがあれば申し分ないです。これは安いです。二〇〇〇円でおつりがきます。

パソコンを購入し、必要なソフトをそろえてネットに接続ができるようになったら、音楽管理ソフト(iTunes)などをダウンロードして、いままで友達に頼んでいた音楽ダウンロードを自分でやるようにしてみましょう。それを覚えるだけでパソコンがぐっと身近になるでしょう。テレビ放送が録画できるタイプのパソコンだったら、放送大学とかの講義も視聴してみるとよいでしょう。予約録画機能を上手に活用し、録画した番組をPSPとか小さな「携帯端末」で閲覧できるようになればしめたものです。十分元がとれるでしょう。

第8章　学歴社会にのまれるな、学歴社会を利用しろ

内定通知
えっ…合格…?
マジ!?
内定通知
徳田修二殿
徳田修二様
配達記録
やった〜!!
憧れのJANA関連会社だ!!
おめでとう修ちゃん!
よくやったな
入社式
中学を卒業して高校へ行けなかったぼくでも通信制大学を通じて
一般企業へ就職できた。よくがんばった、オレ!!

同じ大卒でも…
多くの会社にはいろいろな人がいます。
同じ大卒採用でも
総合職
一般職
派遣社員
同じ時期に採用されても大まかに分類され、やはりこのような図式ができます。
※ある会社の例
総合職
技術・一般職
派遣社員
パート・アルバイト・嘱託（しょくたく）
総合職は会社全体の運営、経営などの中心的な業務をします
東京
大阪
名古屋
取締役
部長
課長
将来の幹部候補
転勤も多い
一般職・技術職は自分の持ち場の仕事のスペシャリティです。
空港内についてならなんでも!
JANA
整備のことならまかせて!

大卒？ハケン？正社員？ 客から見ればみな同じ

続きは232ページへ

20 大卒をひけらかすバカ、中卒を恥じるバカ

世間の常識ほどアテにならないものはない

大卒は最強と思っている奴をバカと思え

私は高校生時代（昭和六二年頃）、川崎駅前の古書屋でアルバイトをしていたことがあります。私の後から入ってきたアルバイトの女子大学生は、自分が大学生であることをひけらかし、いかに自分が優秀で有能であるかを店長や他の従業員に自慢していました。

店主とアルバイトを含めてわずか五人の店で、大学生であることを自慢すること自体、恥ずべき行為ですが、私が通っていた高校は地元でも有名な低ランク校だったこともあり、彼女は大学生がいかに優秀か、自分が私よりも頭が良いかを語っていました。

しかし、古書店の店員の役割とは、居心地の良い店を演出するために清掃したり、本を整理しておくことや、著者や有名な作品名を覚えたり、万引きに気をつけることなどです。ところがその女子大学生は、タバコを吸いながらマンガを読み、本屋の店員なのに有名作家の名前も知らなかったなどという、あま

りにもお粗末な店員でした。四年制大学に通う、優秀なはずの大学生の彼女は、低ランク校の高校生である私よりも、「書店の店員」という物差しでは能力が著しく低かったのです。

大卒なのに能力が低い人、中卒・高校中退でもしっかり仕事をしている人という状況は、実は日本中、あちこちで見ることができるはずです。私がよく行くファミリーレストランでは、大卒とおぼしき若い店長よりも、同年代のパートの女性の方が動きは良く、声も出ていて知識も責任感もあります。そのパートの女性は高校中退と聞き、驚きました。

世間の常識としては、大卒、高卒、中卒の三人がいれば、優秀さはその順番通りです。しかし、実際のところ、雇ってみなけりゃわからないのに、学歴だけを評価して優秀かどうかを判断するのはナンセンスということになります。

通信制・低ランク大学は通用しないという常識

本書を作成するにあたって、私はインターネットで様々なホームページから情報を収集しました。大手インターネット掲示板といえば、「2ちゃんねる」が有名ですが、ここでも学歴の優劣を述べる書き込みがいろいろあって、実に驚きます。匿名掲示板だから仕方ないといえば仕方ないのですが、このような書き込みをよく目にします。

通信制の大学は世間じゃ通用しない。
放送大学じゃ就職できない。
Fランク（=偏差値判定不可）大学を出ても意味無し。

こんな書き込みを真に受けて、「レベルの低い大学を出ても社会じゃ通用しないらしいよ」なんてことが、まことしやかに話されています。しかし、こんな事実を実際に調査した人なんているのでしょうか。

私は今までに一〇〇人以上の学生や卒業生を取材しましたが、通信制の大学を卒業して大卒扱いで就職した人は多いし、放送大学を卒業した年商三億円の会社経営者なんて人もいます。一方で、「通信制だから差別された」なんて話は、ほとんど聞きません。通信制大学を卒業したというのは、むしろ「頑張った証（あかし）」として捉えられることが多いのです。就職などで不利になる原因は、本人に問題があるケースがほとんどです。

つまり、インターネット掲示板の「通用しない」なんて書き込みなんて、誰かの勝手な思い込みか、通信制大学で学ぶ人を惑わすためのいたずらです。

そもそも、学校教育や大学通信教育については、文部科学省所管の法律の下で運営されているのですから、通用しないはずがありません。それどころか、「通信制の大学は大学とは認めない」なんて規定があるなら、我が国の法律を否定していることになります。

インターネット掲示板の中でも2ちゃんねるは、匿名だからこそ有用な情報や真実が惜しげもなく書かれるという点は評価できますが、匿名だからこそ虚偽の情報も多く存在するのです。これらの情報は、何が真実で何が虚偽かを見極める必要があります。その能力が養われていないうちは、全ての情報を嘘だと思って読まなければならないと思います。

学歴コンプレックスは、学歴を獲得しないと解消できない

「大学なんて行かなくても、立派に仕事はできる。高卒資格が無くたって生活はできる。だから学歴なんて不要だ」という主張を、たまに聞きます。

私自身、中卒・高校中退者と高卒者と大卒者の仕事の能力を比較すると、学歴とは比例しないことが多いからそう思います。

しかし、残念なことに、この日本の社会は、高校進学率が九割を超えてきた頃から、中卒・高校中退者を排除する社会になってしまったのです。別にこれは日本だけの現象ではなく、どこの国にも起こりうることです。高校進学率が一割だとすれば、高校へ行かない残りの九割の人たちが主流で、高校へ行った一割の人がエリートということになります。逆に九割の人たちが高校へ行くような社会では、高校へ行かない人は、「何かおかしい人」という印象を受けてしまうのです。

もし、中卒・高校中退者のあなたが一般企業に就職しようとするならば、どこかで必ず学歴に対するコンプレックスを感じます。特別な資格や能力を持っているならともかく、給料・待遇・昇進、そして日々の雑談など、実に様々な点で学歴や知識の差を痛感するはずです。この学歴コンプレックスを解消しようとするならば、学歴を獲得するしかありません。中卒・高校中退者であっても、高認・通信制高校をあきらめた人であっても、大学通信教育の特修生の道が残されているのです。しかも、本書で説明した特修生は、大学へ入学できた時点で大学在籍歴（中退すれば中退歴、卒業すれば卒業歴）も付いてきます。

「高卒資格を取る機会が無かった」、「挫折した」、「自分にはもう無理だ」と思ってあきらめるのもあなたの生き方です。私は説教するつもりもありません。しかし、この方法なら、簡単に大学へ入れてしまうのです。

中卒を恥じる前に、ケータイを買う手軽さで特修生制度を利用しろ

今、この時代に携帯電話を持っていない若者は数えるほどしかいません。一八歳の若者が一〇〇人いたら、九五人は持っているのではないかと思えるほどです。ほとんど高校進学率のような数値です。

携帯電話を持っていない人が携帯電話を入手するには、身分証明書とわずかなお金を持って、携帯ショップへ行けばいいのです。そして使ってみて必要なければ解約すればいいのです。

大学の特修生制度も同じようなものです。放送大学なら一〇万円ちょっとで高卒資格が取れるのです。無理なら退学しても良いのです。

もしあなたが今、一八歳の中卒・高校中退者だったとして八〇歳まで生きるとしたら、今から六〇年以上を高卒資格の無いままで過ごさなければなりません。そして運良く企業に就職しても、常にリストラにおびえ、大卒者の話の輪に入っていくこともできないのです。しかし、三流・通信でもいいから大学へ行けば、その経験によって自信がつきます。そして、学ぶことがいかに大切かを知ることができますし、逆に学歴というものが、いかにいいかげんな物差しなのかがわかるのです。

一生勉強とは
修二、人間は一生勉強なんだぞ
……こういう大人は多いですね。
そう。学校へ行くだけが勉強じゃないんです。
世界は常に動いています。
ふんふん、A国とB国が戦争で原油が高騰か
だから新聞やテレビなどで情報を取り入れる必要があります。
情報を取り入れないと生活に支障がでてくることもあります。
え？所得税が上がる？ゴミの分別が義務化？知らないわよ
つまり、常に新しい情報を取り入れるだけで、生活は楽で便利になります。
海外に行くんだったら、日本で格安航空券買うより、タイでオープンチケット買った方が安いよ。アップグレードもできるし
ふんふん
取り入れないと不便なままです

どんなことでも研究テーマ
大学の勉強は、基本的に全て最先端のものです。
論文
なぜなら、大学は研究機関でもあり、常に新しい発想や発見をしなければならないところだからです。
だから、どんなことでも、どんなにささいなことでも研究に値するのです。
「航空機の歴史」「マイレージと経営学」「航空力学」「コンコルド再就航の可能性」
一見、ただの不良にみえる女の子でも
ネイル
ファッション、ネイル、美容などは「家政学」という分野で大きく花開く可能性があります。
60歳をすぎた世代でも「もう勉強なんて」と思わずに学んでみると新しい発見があります。
犬は「せきつい動物」なんだぞー。哺乳類で犬はタヌキと同じ仲間なんだでよー

「高校まで」と「大学から」

高校までの勉強は
どちらかといえば、大学に
入るための競争です。
めざせ合格
○○予備校
一方、大学は好きなものを
好きなだけ勉強してOK
嫌いな科目はやらなくてよし。
経営学
心理
大学は124単位を積み
上げる過程で、最も得意
な分野を専門とする
ことができます。
だから入試を避けて
大学に入った人でも
学問の面白さに
目覚め、大学院にまで
進学してしまう人が
たくさんでてくるわけです。
学歴とは無縁だった人が
どんどんステップアップ、
キャリアアップしていきます。

それぞれの旅立ち

そして、自分の好きなこと
を仕事にする人が多い
のもうなづけます。
内定
4月から、子ども服を作る
会社の企画室で働きます。
放送大学大学院
臨床心理プログラムに
合格しました
働きながら学び続ける人
は本当にたくさんいます。
何度も放送大学を
卒業する人もまた多い。
「産業と技術」は卒業した
から、4月からは「人間の探求」
じゃよ
卒業
死ぬまでに
6専攻卒業
できるじゃろか
留学することも
夢ではありません。
「バチェラー」＝「学士」
Bachelor of Arts
外国では日本の大学名
などわかりませんから、
このバチェラーの資格が
あるかどうかが大切なんです。
学士の学位は、海外の
大学院の入学資格
です。

続きは242ページへ

21 今から大学へ進学する本当の意味

親のために勉強するか、自分のために勉強するか

他人より遅れてきたはずなのに、大学卒業・大学院進学

私は今まで、実に様々な人々（主に社会人学生）を取材してきましたが、不思議なことに、大学通信教育や夜学などで社会人学生を経験した人が、次々と大学院へ進学するのを見ています。ついこのあいだ取材した時には放送大学の学生だった人が、来年から大学院の修士課程へ進学しますなんて報告がメールで来ることがとても多いのです。

私自身、神奈川大学法学部から同大学院へ進学しました。当時四～五〇〇人の法学部卒業生に対して大学院進学者数はわずか一〇人程度です。

ところが、過去に私が取材をした通信制大学の学生が一〇〇人くらいだとすれば、そのうち四〇人とか五〇人くらいは大学院への進学を希望したり、別の大学の三年次に再び編入したり、留学したり、資格を取得したりと、より上位の学歴や資格を目指すのです。

とても不思議です。しかし、よく考えてみると、私も似たような思考だった

ことに気づきます。

私が中学・高校でつまずいた理由

私は中学校あたりから学校の勉強が嫌になり、予習・復習はおろか、試験勉強もろくにしませんでした。

なぜ、私が学校の勉強が嫌になったのか。もう二〇年以上前のことなので、あまり覚えていませんが、今になってよくよく考えてみると、中学・高校の勉強というものは、親の期待に応えるためのものだったような気がします。

成績が悪ければ親の怖い顔が脳裏に浮かぶし、地元の進学校へ進めば親は喜ぶだろうと思っていたような気がします。しかし、学校の授業自体に興味が無いのだから、浅い知識しか学ぼうとしません。したがって、成績もたいして伸びません。

そんな状況ですから、私が進学できたのは神奈川県立川崎南高等学校という、当時、地元ではかなり低いレベルの高校でした。（※現在は統廃合により、川崎高等学校という名称に変更されています）

当時、思春期だったこともあり、この高校の管理的な教育方針に納得がいかず、担任の教諭とぶつかることもしばしばあって、幾度も退学を考えました。

早稲田大学大学院を見学

高校三年のある日、仲のよかった英語のM教諭が「これから早稲田の大学院へ行くけど一緒に行くかい?」と私を誘ってきました。大学のキャンパスへ行ったのはそれが初めてで、天下の早稲田大学のキャンパスへ入れると思うだけで、すごくワクワクしました。

早稲田のキャンパスは、あちこちにサークルや部活動のポスターが貼ってあり、雑然としている中にも文化的で、自由を求めている学生たちが吹き溜まっているという印象がありました。当時、おぼろげには大学へ進学したいと思っていた私ですが、この早稲田大学の見学がきっかけで大学へ行く決心を固めました。

また、それだけではなく、早稲田大学を卒業して高校教諭として活躍しているM先生が、決意も新たに大学院へ進学していたことを知り、より高度な学習・研究を行う大切さを知って、私は触発されたのです。

低ランク高校だから成績まぁまぁで夜学に合格

第一希望はもちろん早稲田大学…と言いたかったところですが、私には勉強の習慣も無ければ塾や予備校へ通っていたわけでもなく、アルバイトばかりしていたので、一般入試で早稲田大学なんてことは、夢のまた夢です。

そこで私は、低ランク高校という弱点を逆に利用した、「簡単な大学進学法」を思いつきました。低ランク高校は、進学高校に比べれば、授業のレベルも低かったため、高校三年次の私の評定平均は五段階評価で三・八でした。当時、評定平均三・五以上で受験資格を与えるとしていた、立正大学文学部二部地理学科を一般推薦入試で受けたのです。

そして、立正大学の入試は書類選考と口頭試問（面接）だけだったので、楽に合格することができました。

大学の授業は衝撃的で画期的

当時、立正大学文学部二部の偏差値は三九だったという記憶があります。そこに書類選考と面接だけで入学したのだから、私の頭の中身はたかが知れていると思います。

しかし、中学・高校までの勉強とは、まるで違った衝撃を受けました。たぶん、中学・高校までは親や教師の期待を損なわないためにイヤイヤやっていた勉強で、大学は自分の好きなものを好きなようにやっても良い勉強だったからだと思います。また、中学・高校までは正しい答えが定まっていて、その正しい答えを導き出すことが重要で、その答えに対して疑問を挟んではならない教育内容です。一方、大学の勉強は様々な事象を自分なりに解釈して、別の側面から考えることを許された教育だったからかもしれません。

いずれにしても、「好きなことを好きなように勉強すれば良い」、「嫌いな科目なら、必修科目でない限り、翌年別の科目を履修しても良い」という自由なところが私に合っていたのではないかと思います。

この時期、私は生涯で最も多い読書量だったのではないかというくらい、多種多様な本を読みました。そして文学部地理学科の学生のくせに法律学を勉強したくなり、翌年、神奈川大学法学部へ一般入試で進学しました。当時、神奈川大学法学部の偏差値は五五くらいでしたから、立正大学二部の偏差値三九からすれば、大躍進です。

自分のためにやる勉強は飛躍的に伸びる

私の場合、中学・高校までの勉強は、親や教師に文句を言われないための、最低限にこなす勉強でした。逆に大学に入ってからの、自分の好きなものを好きなだけという勉強は、自分のオタク的な要素を思う存分発揮して良いので、飛躍的に伸びたのだと思います。

高校までの勉強では、「F1レースの歴史」とか、「日本の少女向けアニメーションの変遷」とか、「アメリカの陪審裁判の最新裁判例」なんてものは扱いません。

しかし、F1なら「欧米と日本の自動車産業の歴史や技術論」、少女向けアニメの話なら「心理学や社会学・情報学・文化人類学・メディア論」、アメリカ陪審なら「英米法や国際公法・国際私法・比較法的な観点」で研究することができます。つまり、どんなに趣味的要素の高い分野であっても、大学では学問として研究対象になるのです。自分が身近に思っていることや、本当に知りたいことを、学問を通して知ることができるのです。

自分のために大学へ行く人は、大学院レベルになる

こうして考えてみると、我が国の大半の大学生は、親の期待に応えるために大学へ行き、就職予備校として利用していることになります。しかし、自分のために勉強をしようとする社会人学生は、自分の趣味や興味の延長で勉強するものなので学力はぐんぐん伸びるし、大学院へ進学してしまう人が多いのは当然の成り行きなのかもしれません。

このように考えると、自分のため、とくに興味のある分野を力いっぱい学ぶことが、みせかけの大卒ではなく、実力を伴った、本当の大卒になれるのではないかと思います。

「友達」を活用して「友達」を増やそう

　パソコンやらソフトやらを買って準備が整ったら、とにかくインターネットに接続してみましょう。それまでに学校やら会社やら、あるいはインターネットカフェ（マンガ喫茶）であったり、はたまた友人知人の家だったりとインターネットそのものを体験した方は多いと思います。ちょっと変則ではありますが、携帯電話からもまた違ったネットの世界を体験したことがあるかとおもいます。それを改めて、自分のパソコンから自宅から、時間の許す限り、誰はばかることなく好きなだけアクセスすることができます。そのうち、自分とよく似た環境にいる方々との交流も生まれてくることがよくあります。

　だって高校中退とか特修生なんて、それなりに数はいるのですから当然のことです。

　いろいろ検索しながら探すより、最初からそのような方々が多く集まっていそうなところを中心に探した方が効率がよいでしょう。

　皆さんはミクシィ（mixi）というソーシャル・ネットワーキング・サービス（SNS）をご存じでしょうか。ミクシィは国内有数のSNSです。ここには、全体からみれば少数ではありますが、大学通信教育で学んでいる方、以前学んだことのある方、これから学ぼうとしている方々とコミュニティというものを形成し、その中で活発に意見を交換することがあります。もちろん、私もそのうちの一人です。

　こうしたサービスは、時間を気にすることなく、地域差や性別年齢を超え、いろいろな階層の方々とお知り合いになれる、そんなありがたいものなんです。このサービスを利用するためには入会が必要で、この入会はすでに会員となっている人の招待が必要になってきます。

　たとえば放送大学のコミュニティであったり、通信制大学生（学校にとらわれない）、などもあります。期末試験の情報を交換しあったり、オフラインミーティングの打ち合わせをしてみたり、卒論を公開し他人の批評を聞いてみたり、もしかしたらこれがきっかけで、とっても親しい友達が誕生するかもしれませんよね。「彼氏・彼女イナイ歴」からも脱却できるかもしれませんよね。はたまた、新しいお仕事のお話と出会うこともあるかもしれません。

　各個人のインターネットに接続するためのサービス料金以外にはこのミクシィにアクセスすること自体は無料（ミクシィプレミアムという有料会員制度もある）です。他にもいろいろ活用できることが多いとおもいます。

　ミクシィ以外にもSNSはいろいろあります。自分で気楽に長く楽しめそうなSNSをみつけて加入してみてはいかがでしょうか。

※ただし、主要なSNSは一八歳未満の加入はできません。SNSは、見ず知らずの人と出会えるチャンスがある反面、危険な出会いや誘惑もあるので、不用意な出会いには気をつけましょう。

修二君が征く――22 必ず来る！これで良かったと思える日

一歩一歩前進する人
高校へ行けなかった
ぼくは、将来のことなんて
何も考えられませんでした。
高校へ行けなくて
高認を受けることも
あきらめたぼくは
OPPニュース
ネットカフェ難民は
主に就職できなかった
若者達が…
将来のオレ…？
自暴自棄（じぼうじき）になっていました。
でも大学へ行って
自分の好きな勉強を
やってみたら
放送大学
先端技術
おもしろくて
夢中になってしまいました。
今では友だちもいるし、
通信制だけど大卒資格
もあります。

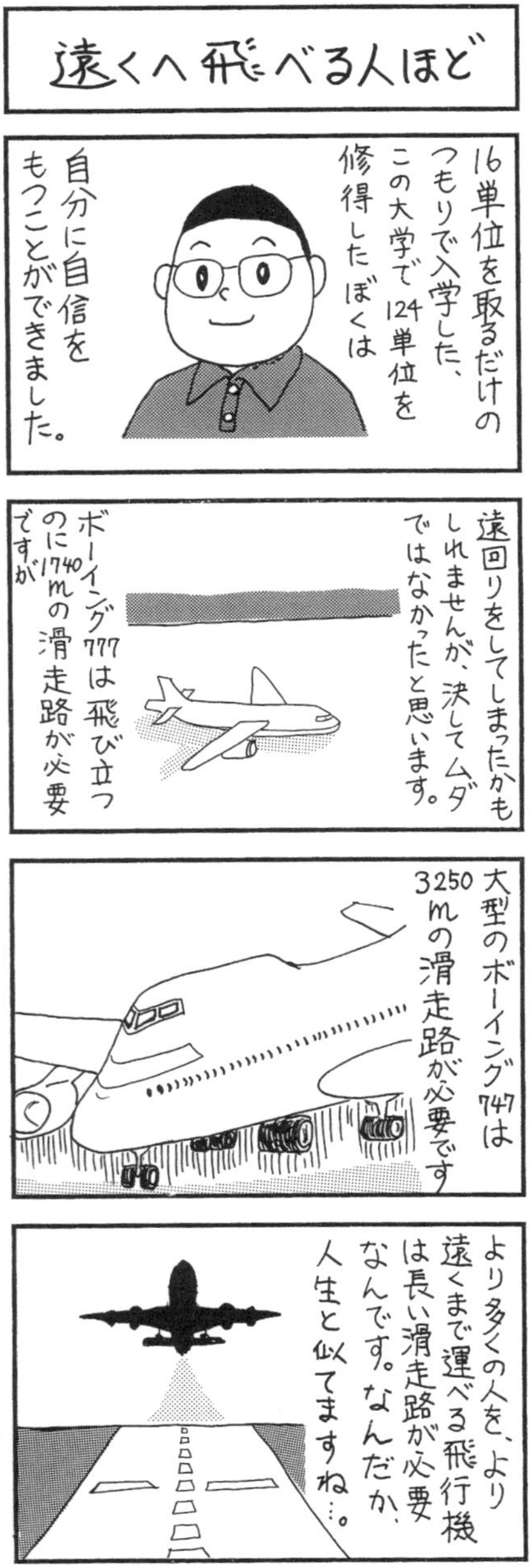

遠くへ飛べる人ほど
16単位を取るだけの
つもりで入学した、
この大学で124単位を
修得したぼくは
自分に自信を
もつことができました。
遠回りをしてしまったかも
しれませんが、決してムダ
ではなかったと思います。
ボーイング777は飛び立つ
のに1740mの滑走路が必要
ですが
大型のボーイング747は
3250mの滑走路が必要です
より多くの人を、より
遠くまで運べる飛行機
は長い滑走路が必要
なんです。なんだか、
人生と似てますね…。

学ぶことって…

飛行機に乗るといつも感じることがあります。
地球規模で考えれば上も下も関係ありません。国境だって、しょせん人間が作り出した概念です。
一流大卒
大卒
高卒
中卒・高校中退
もうこんなことに心をくだくのは終わりにしませんか?
人間て、とても少さな存在なんです。
…てことは、ぼく達は誰が上か下か、偉いか凡人かではなく、いかに他人と良い関係をもって生きていくかどうすれば戦争や犯罪を防げるかを勉強していくことが大切なんです。
人生、レールから外れたっていいんです。やり直す方法はいくらだってあります。
「生きることは学ぶこと学ぶのは楽しい」
もし高卒資格がなくても学びたいと思ったらこんなふうに大学へ行けるということを思い出して下さい。
Good Luck!

続きはhttp://www.tokushusei.comへ

22 よくありそうな質問Q＆A

特修生を活用するにあたっての疑問に全てお答えします

Q 特修生制度で大学へ入学した場合、高校そのものを出ていないのだから「高卒以上」という求人に応募できないのではありませんか。

A そんなことありません。「高校卒業以上」というのは、高校卒業も入るけど、それを超える学歴も指します。会社の階級でいえば、「課長以上」は課長も部長も専務も社長も含めます。平社員からいきなり部長になった人もやはり「課長以上」に該当します。これが、一般的な解釈です。

Q 特修生で大学へ入学しても、中退したら何の学歴にもならないと聞きました。

A まともな企業であれば、大学を中退した者は高卒として扱います。一定の単位を修得していれば、他大学への編入資格や資格試験の受験資格にもなります。ただし、産業能率大学に関しては明確に「特修生が退学したら中退としては認めない（＝単位修得証明書は出さない）」と言っていますから、特修生を経た者に証明書を発行するかについては事前に聞くべきでしょう。放送大学、八洲学園大学、日本福祉大学は中退歴として認めることを確認済みです。

Q　私は引きこもりがちで、他人と会うのがとても嫌です。そんな私でも特修生で大学へ行けますか。

A　インターネットの環境があれば、家から一歩も出ずに、全てインターネット上で単位が取れる大学があります。例えば本書で紹介した八洲学園大学です。

Q　パソコンは持っていないし、インターネットもわかりません。そんな私でも特修生で大学へ行けますか。

A　いまの時代、パソコンを持っていないとか、インターネットをしないというのは大学生にとっては弱点です。しかし、放送大学ならば、テレビ・ラジオと筆記用具があれば十分です。

Q　高校に通いながら、特修生になってもいいのでしょうか。

A　あなたの通う高校や、特修生として在籍する大学が禁じていないなら構いません。また、仮に禁じていても、バレなければ問題ないと思います。

Q　短期大学などにも特修生はあるはずですが、なぜ本書では記載されていないのですか。

A　短大は卒業すれば四年制大学の三年次に編入できます。しかし、中退してしまうと、いくら単位を修得していても編入を受け入れない大学が多いためです。特修生を経て入学後、中退しても高卒と名乗れ、かつ他大学へ編入もできるのは四年制大学のみだからです。

Q　特修生で一六単位を修得し、例えば放送大学へ正規入学して一年後に退学した場合、他大学への入学資格はありますか。

A　一年次への入学資格は基本的に認められないことが多いようです。ただし、計三〇単位以上を修得していて、受け入れ先の大学が認めれば二年次への編入は可能です。

Q　放送大学なんて出てもバカにされます。一流大学を目指すべきでしょうか。

Ａ　見栄のために大学へ行くのなら、一流を目指すべきでしょう。しかし、あなたをバカにする人は、大学の名前などどうでもいいのです。頭の中身をバカにできなくなったら、次は体の特徴や趣味・嗜好をバカにします。他人にどう思われるかよりも、今の境遇を少しでも良くするため、なるべく早く高卒・大卒資格を取れる方法を考えるべきです。どうしても一流が好きなら、卒業後、一流の大学院へ行けば良いのです。

Q　通信制大学は入試を経験していないから通用しないそうです。

Ａ　入試を経験していない大学生は社会で通用しないというなら、指定校推薦で早稲田や慶應に入った人は落伍者ということになります。私の友人には放送大学出身で大学の准教授をしている人もいれば、玉川大学通信教育課程を五年間かけて卒業して小学校の教諭となった人もいます。通用するかしないかをきっちり調査した人などいないのに、通用しないと言い切るバカは相手にしないことです。

Q　高校を卒業せず、特修生を経て大学を卒業しました。高卒資格を持っていないことで不利益はありますか。

A　基本的には不利益はほとんどありません。しかし、一部の資格試験などでは、高等学校卒業や高認合格でなければ受験を認めないものもあります。

Q　現在、サポート校に通って高認受験を考えています。特修生と併用することはできますか。

A　もちろん構いません。高認合格と特修生の両方が成功すれば、それはそれで素晴らしいことです。

Q　現在一五歳です。一八歳になるまでに何単位くらいを修得すればいいですか。

A　放送大学の場合、最低一六単位が必要なのは既に述べました。もし、入学時には三～四〇単位くらいあると入学後はだいぶ楽になります。もちろん一〇〇単位くらい取ってしまっても構いません。ただし、せっかく二～三年も余分な時間があるのだから、自分が本当に好きな科目を集中的に履修してみるのも良いでしょう。

Q　若い男性、若い女性と知り合う機会はありますか。

A　放送大学の場合、中高年の方が多いので、出会う確率は低いかもしれません。しかし、本書を読んで入学する若者も多いはずなので、これからは若い人も増えるはずです。

Q　クラブ・サークルなどには入れますか。

A　通学課程のある大学の場合、大学公認のクラブやサークルに入会できる場合が多いです。通信教育が専業の大学の場合は、そもそも公認のクラブやサークルというものが存在しないことが多いので、個人的なサークル以外は無理と考えた方が良いでしょう。

Q　特修生は得ですか。

A　金銭的な面だけを考えると、ものすごく得です。高校へ通う費用が不要で、大学入学資格を取るための一六単位は、入学後に卒業要件単位へ組み込まれるのです。ただ、同年代の仲間と過ごす三年間が無いというのは、あなたの人生にとって得か損かはあなたが決めることです。

Q　いじめはありますか。

A　例えば放送大学であれば、周囲は中高年の学生が多いので、まずそのような心配はありません。ただ、どんな理想的な社会でも嫌な奴はいますから、うまく対処する能力を鍛えていきましょう。

Q　高校入試に失敗して、定時制高校にも行けませんでした。こんな頭でも、特修生は成功するでしょうか。

A　成功します。この本を最後まで読めたあなたなら、必ずうまくいきます。通信制の大学を攻略する秘訣は、「頑張りすぎないこと」、「手抜きを覚えること」、「あきらめないこと」です。それともう一つ。「すぐに目ぼしい大学の資料を集め、特修生の入学に必要な書類を準備すること」です。

通信制の四年制大学一覧表

	特修生	年齢	修業年限	単位数	「特修生」に該当する名称／備考
北海道情報大学	○	18	1年	18	特修生。
東北福祉大学	—				
東京福祉大学	○	18	6ヶ月	16	特修生。
人間総合科学大学	○	18	1年	16	科目等履修生。
聖徳大学	—				
帝京平成大学	○	18	1年	16	特修生。
慶應義塾大学	—				
創価大学	○	17	1年	17	正科課程入学資格取得コース。
玉川大学	—				
中央大学	—				
東洋大学	○	18	1年	16	特修生。
日本大学	—				
日本女子大学	—				
法政大学	—				
明星大学	○	18	1年	20	特修生。「明星大学入学資格認定試験」を受験するコース。
産業能率大学	○	15	6ヶ月	20	入学資格取得生。正科生入学後、卒業せずに退学すると、単位は中退扱いにはならない。
愛知産業大学	○	17	1年	18	特修生。
日本福祉大学	○	18	1年	16	特修生。
京都造形芸術大学	○	30	1年	16	特修生。平成19年度より対象年齢を30歳以上に引き上げ。
佛教大学	○	18	1年	18	本学入学資格コース。
大阪学院大学	○	18	1年	16	正科生転科課程。
大阪芸術大学	○	18	1年	16	特修生。
近畿大学	○	18	1年	14	特修生、入学資格認定コース。正科生入学時に修得単位は卒業単位として算入されない。
第一福祉大学	—				
九州保健福祉大学	○	18	1年	16	特別履修生。
武蔵野大学	—				
武蔵野美術大学	○	18	1年	16	科目等履修生（特修生）。
早稲田大学	—				
中部学院大学	○	18	1年	16	特修生。
倉敷芸術科学大学	—				
星槎大学	○	15	1年	16	特修生。
八洲学園大学	○	15	6ヶ月	16	特修生。
奈良大学	—				
神戸親和女子大学	—				
東京未来大学	—				
帝京大学	—				
放送大学	○	15	6ヶ月	16	選科履修生または科目履修生。
LEC東京リーガルマインド大学	—				
環太平洋大学	○	—	6ヶ月	20	入学資格取得生。年齢制限の下限は特に無いが、実質的には16歳以上。
サイバー大学	—				「特修生」という名の学生区分はあるが、入学資格は得られない。

※修業年限は「最低限在学しなければならない期間」であり、延長可能な大学も多い。
※この表は平成19年7月1日現在の調査に基づきます。

特修生制度を有する四年制大学の詳細データ

各校ホームページ・募集要項・電話取材による、平成19年7月1日現在のデータ。

学校名　北海道情報大学
学部　　経営情報学部（経営ネットワーク学科・システム情報学科）
特修生の要件
（1）年齢　　　　　18歳
（2）修業年限　　　1年間
（3）単位数　　　　18単位

高卒資格を有しない者の
入学資格付与制度の名称　　　特修生

問い合わせ先等
〒069-8585　北海道江別市西野幌59-2　TEL 011-385-4004
http://www.do-johodai.ac.jp/

学校名　東京福祉大学
学部　　社会福祉学部（保育児童学科・社会福祉学科）
特修生の要件
（1）年齢　　　　　18歳
（2）修業年限　　　6ヶ月
（3）単位数　　　　16単位

高卒資格を有しない者の
入学資格付与制度の名称　　　特修生

問い合わせ先等
〒372-0831　群馬県伊勢崎市山王町2020-1　TEL 0270-20-3673
http://www.tokyo-fukushi.ac.jp/

学校名　人間総合科学大学
学部　　人間科学部（人間科学科）
特修生の要件
（1）年齢　　　　　18歳
（2）修業年限　　　1年間
（3）単位数　　　　16単位

高卒資格を有しない者の
入学資格付与制度の名称　　　科目等履修生

問い合わせ先等
〒339-8539　埼玉県さいたま市岩槻区馬込1288　TEL 0120-277-713
http://www.human.ac.jp/

学校名　帝京平成大学
学部　　現代ライフ学部（経営マネージメント学科）
特修生の要件
（1）年齢　　　　　　18歳
（2）修業年限　　　　1年間
（3）単位数　　　　　16単位

高卒資格を有しない者の
入学資格付与制度の名称　　　　特修生

問い合わせ先等
〒290-0193　千葉県市原市潤井戸2289　TEL 0436-74-7532
http://www.thu.ac.jp/

学校名　創価大学
学部　　経済学部（経済学科）、法学部（法律学科）、教育学部（教育学科・児童教育学科）

特修生の要件
（1）年齢　　　　　　17歳
（2）修業年限　　　　1年間
（3）単位数　　　　　17単位

高卒資格を有しない者の
入学資格付与制度の名称　　　　正科課程入学資格取得コース

問い合わせ先等
〒192-8577　東京都八王子市丹木町1-236　TEL 042-691-3451
http://www.soka.ac.jp/

学校名　東洋大学
学部　　文学部（日本文学文化学科）、法学部（法律学科）
特修生の要件
（1）年齢　　　　　　18歳
（2）修業年限　　　　1年間
（3）単位数　　　　　16単位

高卒資格を有しない者の
入学資格付与制度の名称　　　　特修生

問い合わせ先等
〒112-8606　東京都文京区白山5-28-20　TEL:03-3945-4567
http://www.toyo.ac.jp/

学校名　明星大学
学部　　人文学部（心理·教育学科）
特修生の要件
（1）年齢　　　　　　18歳
（2）修業年限　　　　 1 年間
（3）単位数　　　　　20単位

高卒資格を有しない者の
入学資格付与制度の名称　　　　特修生「明星大学入学資格認定試験」を受験するコース

問い合わせ先等
〒191-8506　東京都日野市程久保 2 - 1 - 1　TEL 042-591-5115
http://www.hino.meisei-u.ac.jp/

学校名　産業能率大学
学部　　情報マネジメント学部（現代マネジメント学科）
特修生の要件
（1）年齢　　　　　　15歳
（2）修業年限　　　　 6 ヶ月
（3）単位数　　　　　20単位

高卒資格を有しない者の
入学資格付与制度の名称　　　　入学資格取得生

問い合わせ先等
〒158-8632　東京都世田谷区等々力 6 -39-15　TEL 03-3704-4012
http://www.sanno.ac.jp/

入学資格取得生を経て正科生入学後、卒業せずに退学すると、単位は中退扱いにはならない。

学校名　愛知産業大学
学部　　造形学部（デザイン学科・建築学科）
特修生の要件
（1）年齢　　　　　　17歳
（2）修業年限　　　　 1 年間
（3）単位数　　　　　18単位

高卒資格を有しない者の
入学資格付与制度の名称　　　　特修生

問い合わせ先等
〒444-0005　愛知県岡崎市岡町原山12- 5　TEL 0564-48-8282
http://asu-g.net/

学校名　日本福祉大学
学部　　福祉経営学部（医療・福祉マネジメント学科）
特修生の要件
（1）年齢　　　　　　18歳
（2）修業年限　　　　1年間
（3）単位数　　　　　16単位

高卒資格を有しない者の
入学資格付与制度の名称　　　特修生

問い合わせ先等
〒470-3295　愛知県知多郡美浜町奥田　TEL 0569-87-2932
http://www.nfu.ne.jp/

学校名　京都造形芸術大学
学部　　芸術学部（芸術学科・美術科・デザイン科）
特修生の要件
（1）年齢　　　　　　30歳
（2）修業年限　　　　1年間
（3）単位数　　　　　16単位

高卒資格を有しない者の
入学資格付与制度の名称　　　特修生

問い合わせ先等
〒606-8271 京都府京都市左京区北白川瓜生山2-116　TEL 0120-20-9141
http://www.kyoto-art.ac.jp/

平成19年度より対象年齢を30歳以上に引き上げた。

学校名　佛教大学
学部　　文学部（人文学科・中国学科・英米学科）、教育学部（教育学科）
　　　　社会学部（現代社会学科・公共政策学科）、社会福祉学部（社会福祉学科）
特修生の要件
（1）年齢　　　　　　18歳
（2）修業年限　　　　1年間
（3）単位数　　　　　18単位

高卒資格を有しない者の
入学資格付与制度の名称　　　本学入学資格コース

問い合わせ先等
〒603-8301 京都府京都市北区紫野北花ノ坊町96　TEL 075-491-0239
http://www.bunet.jp/

学校名　大阪学院大学
学部　　流通科学部（流通科学科）
特修生の要件
（1）年齢　　　　　　18歳
（2）修業年限　　　　1年間
（3）単位数　　　　　16単位

高卒資格を有しない者の
入学資格付与制度の名称　　　正科生転科課程

問い合わせ先等
〒564-8511 大阪府吹田市岸部南2-36-1　TEL 06-6381-8434
http://www.osaka-gu.ac.jp/

学校名　大阪芸術大学
学部　　芸術学部（美術学科・デザイン学科・建築学科・文芸学科・音楽学科・放送学科・
　　　　写真学科・工芸学科・映像学科・環境デザイン学科）
特修生の要件
（1）年齢　　　　　　18歳
（2）修業年限　　　　1年間
（3）単位数　　　　　16単位

高卒資格を有しない者の
入学資格付与制度の名称　　　特修生

問い合わせ先等
〒585-8550 大阪府南河内郡河南町東山469　TEL 0120-3707-29
http://www.osaka-geidai.ac.jp/

学校名　近畿大学
学部　　法学部（法律学科）
特修生の要件
（1）年齢　　　　　　18歳
（2）修業年限　　　　1年間
（3）単位数　　　　　14単位

高卒資格を有しない者の
入学資格付与制度の名称　　　特修生（入学資格認定コース）

問い合わせ先等
〒577-8691 大阪府東大阪市小若江3-4-1　TEL 06-6722-3265
http://www.kindai-tsushin.com/

備考
このコースは、入学資格を認定するための、高卒程度の学習によって単位を認定する。したがって、正科生入学時に修得単位は卒業単位として算入されない。

学校名　九州保健福祉大学
学部　　社会福祉学部（臨床福祉学科）

特修生の要件
（1）年齢　　　　　18歳
（2）修業年限　　　1年間
（3）単位数　　　　16単位

高卒資格を有しない者の
入学資格付与制度の名称　　　特別履修生

問い合わせ先等
〒882-8508 宮崎県延岡市吉野町1714-1　TEL 0982-23-5535
http://www.phoenix.ac.jp/

学校名　武蔵野美術大学
学部　　造形学部（油絵学科・工芸工業デザイン学科・芸術文化学科・デザイン情報学科）
特修生の要件
（1）年齢　　　　　18歳
（2）修業年限　　　1年間
（3）単位数　　　　16単位

高卒資格を有しない者の
入学資格付与制度の名称　　　科目等履修生（特修生）

問い合わせ先等
〒180—8566 東京都武蔵野市吉祥寺東町3-3-7　TEL 0422-22-8175
http://musabi.ac.jp/

学校名　中部学院大学
学部　　人間福祉学部（人間福祉学科）
特修生の要件
（1）年齢　　　　　18歳
（2）修業年限　　　1年間
（3）単位数　　　　16単位

高卒資格を有しない者の
入学資格付与制度の名称　　　特修生

問い合わせ先等
〒501-3998 岐阜県関市桐ヶ丘2-1　TEL 0575-24-2287
http://www.chubu—gu.ac.jp/

学校名　星槎大学
学部　　共生科学部（共生科学科）
特修生の要件
（1）年齢　　　　　　　15歳
（2）修業年限　　　　　1年間
（3）単位数　　　　　　16単位

高卒資格を有しない者の
入学資格付与制度の名称　　　　特修生

問い合わせ先等
〒075-0163 北海道芦別市緑泉町5-14　TEL 0120-59-3104
http://www.seisa.ac.jp/

学校名　八洲学園大学
学部　　生涯学習学部（家庭教育課程、人間開発教育課程）
特修生の要件
（1）年齢　　　　　　　15歳
（2）修業年限　　　　　6ヶ月
（3）単位数　　　　　　16単位

高卒資格を有しない者の
入学資格付与制度の名称　　　　特修生

問い合わせ先等
〒220-0021 神奈川県横浜市西区桜木町7丁目42番地　TEL 045-410-0515
http://study.jp/univ/yashima/

学校名　環太平洋大学
学部　　次世代教育学部（学級経営学科）
特修生の要件
（1）年齢　　　　　　　－
（2）修業年限　　　　　6ヶ月
（3）単位数　　　　　　20単位

高卒資格を有しない者の
入学資格付与制度の名称　　　　入学資格取得生

問い合わせ先等
〒709-0863 岡山県赤穂郡瀬戸町観音寺721　TEL 0120-849215
http://www.ipu-japan.ac.jp/

備考
年齢制限の下限は特に設けていないが、授業の難易度や、修業年限などから推測すると、実質的には16歳以上が適当とされている。

学校名　放送大学
学部　　教養学部（生活科学コース、産業·社会コース、人文·自然コース）

特修生の要件
（1）年齢　15歳
（2）修業年限　6ヶ月
（3）単位数　16単位

高卒資格を有しない者の
入学資格付与制度の名称　選科履修生、科目履修生

問い合わせ先等
〒261-8586 千葉県千葉市美浜区若葉2-11　TEL 043-276-5111
http://www.u-air.ac.jp/

放送大学　学習センター一覧

北海道学習センター
〒060-0817
札幌市北区北17条西8丁目（北海道大学構内）
011-736-6318

旭川サテライトスペース
〒070-0044
旭川市常磐公園（旭川市青少年科学館内）
0166-22-2627

青森学習センター
〒036-8560
青森県弘前市文京町1番地（弘前大学創立50周年記念会館内）
0172-38-0500

八戸サテライトスペース
〒039-1102
八戸市一番町一丁目9-22
（八戸地域地場産業振興センター〔ユートリー〕内）
0178-70-1663

岩手学習センター
〒020-8550
盛岡市上田3-18-8（岩手大学構内）
019-653-7414

秋田学習センター
〒010-8502
秋田市手形学園町1-1（秋田大学内）
018-831-1997

宮城学習センター
〒980-8577
仙台市青葉区片平２－１－１（東北大学片平地区内）
022-224-0651

山形学習センター
〒990-8580
山形市城南町１－１－１（霞城セントラル内）
023-646-8836

福島学習センター
〒963-8025
郡山市桑野１-22-21（郡山女子大学内）
024-921-7471

いわきサテライトスペース
〒970-8023
福島県いわき市平鎌田字寿金沢22-１（東日本国際大学内）
0246-22-7318

茨城学習センター
〒310-0056
茨城県水戸市文京２－１－１（茨城大学内）
029-228-0683

栃木学習センター
〒321-0943
栃木県宇都宮市峰町350（宇都宮大学内）
028-632-0572

群馬学習センター
〒371-0032
群馬県前橋市若宮町１丁目13-２
027-230-1085

新潟学習センター
〒951-8122新潟県新潟市旭町通１番町754（新潟大学旭町地区内）
025-228-2651

山梨学習センター
〒400-0016
山梨県甲府市武田４－４－37（山梨大学構内）
055-251-2238

長野学習センター
〒392-0004
長野県諏訪市諏訪１－６－１（スワプラザビル4階）
0266-58-2332

埼玉学習センター
〒330-0853
埼玉県さいたま市大宮区錦町682の２（大宮情報文化センター内）
048-650-2611

千葉学習センター
〒261-8586
千葉県千葉市美浜区若葉２丁目11番地（放送大学本部敷地内）
043-298-4367

東京世田谷学習センター
〒154-0002
東京都世田谷区下馬4-1-1
03-5486-7701

東京文京学習センター
〒112-0012
東京都文京区大塚３-29-１（筑波大学東京キャンパス内）
03-5395-8688

東京足立学習センター
〒120-0034
東京都足立区千住５-13-５学びピア21（６階）
03-5244-2760

東京多摩学習センター
〒187-0045
東京都小平市学園西町１-29-１（一橋大学小平国際キャンパス内）
042-349-3467

神奈川学習センター
〒232-0061
神奈川県横浜市南区大岡２-31-１
045-710-1910

富山学習センター
〒939-0311
富山県射水市黒河5180（富山県立大学内）
0766-56-9230

石川学習センター
〒921-8812
石川県石川郡野々市町扇が丘７－１（金沢工業大学内）
076-246-4029

福井学習センター
〒910-0858
福井県福井市手寄１丁目４-１（AOSSA ７階）
0776-22-6361

岐阜学習センター
〒500-8384
岐阜県岐阜市藪田南５-14-53（岐阜県県民ふれあい会館第2棟2階）
058-273-9614

静岡学習センター
〒411-0035
静岡県三島市大宮町１-８-38(三島市民生涯学習センター内)
055-983-0361

浜松サテライトスペース
〒430-0916
静岡県浜松市早馬町２番地の１（クリエート浜松内）
053-453-3303

愛知学習センター
〒466-0825
愛知県名古屋市昭和区八事本町101―２中京大学センタービル４階
052-831-1771

三重学習センター
〒514-0061
三重県津市一身田上津部田1234（三重県総合文化センター内）
059-233-1170

滋賀学習センター
〒520-2123
滋賀県大津市瀬田大江町横谷１-５（龍谷大学瀬田キャンパス内）
077-545-0362

京都学習センター
〒600-8216
京都市下京区西洞院通塩小路下る（キャンパスプラザ京都３階）
075-371-3001

大阪学習センター
〒543-0054
大阪府大阪市天王寺区南河堀町４-88（大阪教育大学天王寺キャンパス内）
06-6773-6328

兵庫学習センター
〒657-8501
兵庫県神戸市灘区六甲台町２-１（神戸大学六甲台キャンパス内）
078-805-0052

姫路サテライトスペース
〒670-0012
兵庫県姫路市本町68-290（イーグレひめじ内）
079-284-5788

奈良学習センター
〒630-8589
奈良県奈良市北魚屋東町（奈良女子大学コラボレーションセンター３階）
0742-20-7870

和歌山学習センター
〒641-0051
和歌山県和歌山市西高松１―７―20（和歌山大学松下会館内）
073-431-0360

鳥取学習センター
〒680-0845
鳥取県鳥取市富安２-138-４（鳥取市役所駅南庁舎５階）
0857-37-2351

島根学習センター
〒690-0061
島根県松江市白潟本町43（スティックビル４階）
0852-28-5500

岡山学習センター
〒700-0082
岡山県岡山市津島中３－１－１（岡山大学構内）
086-254-9240

広島学習センター
〒730-0053
広島県広島市中区東千田町１－１-89（広島大学東千田地区内）
082-247-4030

福山サテライトスペース
〒720-0074
広島県福山市北本庄４－５－２（福山市立女子短期大学内）
084-991-2011

山口学習センター
〒756-0884
山口県小野田市大学通１－１－１（山口東京理科大学内）
0836-88-3020

徳島学習センター
〒770-0855
徳島県徳島市新蔵町２-24（徳島大学日亜会館３階）
088-602-0151

香川学習センター
〒760-0016
香川県高松市幸町１－１（香川大学内）
087-837-9877

愛媛学習センター
〒790-0826
愛媛県松山市文京町３番（愛媛大学内）
089-923-8544

高知学習センター
〒780-8520
高知市曙町２－５－１（高知大学内）
088-843-4864

福岡学習センター
〒812-0016
福岡県福岡市博多区博多駅南１-14-12（博多織会館内）
092-473-1365

北九州サテライトスペース
〒803-0813
福岡県北九州市小倉北区城内４－１（北九州市立中央図書館視聴覚センター内）
093-561-9879

佐賀学習センター
〒840-0815
佐賀県佐賀市天神３-２-11
（佐賀県立女性センター・佐賀県立生涯学習センター［アバンセ］内）
0952-22-3308

長崎学習センター
〒852-8521
長崎県長崎市文教町１番14号（長崎大学文教キャンパス内）
095-813-1317

熊本学習センター
〒860-8555
熊本県熊本市黒髪２－40－１（熊本大学内）
096-341-0860

大分学習センター
〒870-0868
大分県大分市野田380（別府大学大分キャンパス内）
097-549-6612

宮崎学習センター
〒883-8510
宮崎県日向市本町11－11（日向市役所隣）
0982-53-1893

鹿児島学習センター
〒892-8790
鹿児島県鹿児島市山下町14-50（かごしま県民交流センター内）
099-239-3811

沖縄学習センター
〒903-0129
沖縄県中頭郡西原町字千原１（琉球大学内：地域国際学習センター棟 ４階・５階）
098-895-5952

あとがき

「大学」とは、図書館では出会えない知識の宝庫

「特修生」という制度を知って、目からウロコが落ちた人もいれば、そんなインチキ臭い方法なんてと思った人もいると思います。

ただ、私たちがこの本で言いたかったことは、ただ漫然と日々の生活を送るのではなく、「より上の知識、より多い知識、より正確な知識を吸収する努力をすべきだ」ということです。

それを実行できる場所が大学であり、中卒・高校中退者の人にとって手っとり早い方法が特修生なのです。

学校に頼らなくても勉強はできますが、大学は効率的・体系的に豊富な知識と出会える不思議な空間です。その空間を知らないまま人生を送るのは、本当にもったいないのです。

世の中には学歴があるだけで条件のよい、楽な仕事をしている人はいっぱいいます。

学歴が無いというだけで、優秀なのに劣悪な条件で仕事をしている人もいっ

ぱいいます。
これが平等かと言われれば、やはり首をかしげたくなりますよね。学歴差別は良くないけど、その差別を解消するには、やはり学歴が必要なのではないかというのが私たちの考えです。
この本をきっかけにして、もともとは大学なんか行くつもりもなかった中卒・高校中退者が大学を卒業し、学歴差別の無い社会作りに貢献してくれることを、心からお祈り申し上げます。

謝辞
本書の制作にあたり、様々な方の協力をいただきました。ここに感謝の言葉を申し上げます。

取材協力
放送大学学園教務部の高橋浩太朗さん、八洲学園大学の広報で株式会社プラチナムの柳川麗さん、日本福祉大学通信教育部の河合良彦さん。

放送大学教授の岩永雅也先生、日本福祉大学で学ぶ稲垣諭さん。

以上の皆さんのご協力をいただきました。ここに御礼申し上げます。

実践教育ジャーナリスト　松本　肇

専門学校講師・鍼灸師　趙　倖来

イラストレーター　ぼうごなつこ

サポートページのご案内

特修生 .com

http://www.tokushusei.com/
監修：松本肇
特修生に関する最新情報や、マンガ「修二君が征く」の続編をウェブで無料配信。
ブックマーク必至です

中卒・中退・不登校　誰でもイキナリ大学生
～放送大学／通信制大学"特修生制度"活用法～

ISBN978-4-86053-068-6

2007年11月15日　第1刷発行
著　者　**松本肇／趙倖来**
イラスト　**ぼうごなつこ**
発行者　**佐　藤　民　人**

発行所　オ　ク　ム　ラ　書　店
http://okumurabooks.com/
〒101-0061 東京都千代田区三崎町2-12-7
電話東京03（3263）9994
振替東京00180-5-149404

製版・印刷　㈱シナノ